Robert Maier

Rezepte aus dem alten Rom

Robert Maier
Rezepte aus dem alten Rom

Zum Nachkochen!

Reclam

RECLAMS UNIVERSAL-BIBLIOTHEK Nr. 14379
2023 Philipp Reclam jun. Verlag GmbH,
Siemensstraße 32, 71254 Ditzingen
info@reclam.de
Umschlaggestaltung: Philipp Reclam jun. Verlag GmbH,
Umschlagabbildung: Mosaik aus Pompeji, 1. Jh. v. Chr.
(© Prisma Archivo / Alamy Stock Photo)
Druck und Bindung: Elanders Waiblingen GmbH,
Anton-Schmidt-Straße 15, 71332 Waiblingen
Printed in Germany 2025
RECLAM, UNIVERSAL-BIBLIOTHEK und
RECLAMS UNIVERSAL-BIBLIOTHEK sind eingetragene Marken der Philipp Reclam jun. GmbH & Co. KG, Stuttgart
ISBN 978-3-15-014379-7
reclam.de

Inhalt

Anhang

Vorwort

Wir kennen die Geheimnisse der römischen Kochkunst aus zahlreichen Quellen relativ genau. Die wichtigste ist ein Kochbuch aus dem 3. oder 4. Jahrhundert, das auf eine Rezeptsammlung von Marcus Gavius Apicius, einem Zeitgenossen des Kaisers Tiberius (reg. 14–37), zurückzugehen scheint; es gilt als das älteste vollständig überlieferte Kochbuch (wir bezeichnen es im Folgenden einfach als das »römische Kochbuch«). Einige Jahrhunderte vor Apicius hatte schon Cato der Ältere für sein Landwirtschaftslehrbuch »De agri cultura« einige Rezepte zusammengestellt. Andere Stellen der römischen Literatur klären uns über die beliebtesten Leckerbissen, die Tischsitten, verwendete Zutaten usw. auf, so dass wir uns von den Speisen im alten Rom ein ziemlich genaues Bild machen können.

Eine Schwierigkeit beim Nachempfinden des antiken Geschmacks ist, dass sich auf dem Gebiet der Nutzpflanzen und -tiere durch die unermüdliche Arbeit der Landwirte und ihre Erfolge bei der Zucht neuer Sorten bzw. Arten seither so viel verändert hat, dass wir bei einigen Zutaten große Mühe hätten, sie in der originalen Form zu beschaffen. Hennen legen heute größere Eier, Kohlköpfe sind schwerer, Lauchstangen dicker, als sie es damals waren. Viele Speisen werden jedoch auch heute noch ganz ähnlich zubereitet.

Natürlich fehlten in der römischen Küche einige Zutaten, die unseren Speisezettel erst seit der Entdeckung Amerikas bereichern, wie etwa die Kartoffel oder die Tomate, aber dieser Umstand wirkt sich auf die Vielfalt der römischen Küche kaum aus. Ein viel entscheidenderer Unterschied zu heute resultiert aus der Art der Verwendung bestimmter Zutaten: Zucker wurde im Rom der Kaiserzeit noch nicht zum Süßen benutzt. Stattdessen griff man zu Honig und Traubensirup. Mit Pfeffer, Liebstöckel, Koriander und Asant gingen die Römer wenig sparsam um, und die Verwendung der römischen Fischsauce (oder ihrer modernen Entsprechungen) kostet uns eine gewisse Überwindung, obwohl wir uns mit allen diesen Zutaten über die asiatische Küche inzwischen fast wieder angefreundet haben.

Die hier vorgestellten Rezepte wurden in relativ enger Anlehnung an den originalen Rezepttext aufbereitet. Da Mengenangaben in diesen zu einem großen Teil fehlen, sollte man sich bei der genauen Dosierung der Gewürze ruhig durch seinen eigenen Geschmack leiten lassen. So kommt z. B. die häufig starke Pfeffernote nicht bei jedem gut an. Aus den wenigen Rezepten mit genauen Mengenangaben können wir aber ableiten, dass die Römer tatsächlich relativ scharf gewürzte Speisen auftischten. Auch das zum Salzen meist verwendete Liquamen, das in den Mengenangaben in den Rezepten in diesem Buch durch die fast identisch hergestellte italienische Colatura di Alici ersetzt wurde, ist nicht jedermanns Sache. Man darf sie aber getrost durch eine passende Menge Salz ersetzen.

Die Antike bleibt in jedem Fall ein interessantes Feld für kulinarische (Wieder-)Entdeckungen.

Einleitung

Was ist von der römischen Küche geblieben?

Auf der Suche nach Überbleibseln der römischen Kochkunst in Europa begegnet dem kulinarisch interessierten Italien-Urlauber vielleicht die eine oder andere lokale Spezialität, die auffallende Ähnlichkeit mit einem römischen Gericht hat. Natürlich kann diese Ähnlichkeit zufällig sein, manchmal jedoch findet man so deutliche Übereinstimmungen, dass man geneigt ist, dies nicht dem Zufall, sondern einer sich von den Köchen des Römischen Reiches bis heute fortsetzenden Tradition zuzuschreiben.

Colatura di Alici: In der Gegend von Sorrent und Amalfi, insbesondere in Cetara, wird unter der Bezeichnung Colatura di Alici heute noch eine Fischsauce hergestellt, die der Fischsauce, dem Liquamen oder Garum (S. 17 f.) der alten Römer, ziemlich nahekommt.

Crescentine: In und um die Stadt Bologna, deren Kosename »La Grassa« (»die Fette«) auf eine reiche kulinarische Vielfalt und einen Hang zu üppigen Gerichten hinweist, gibt es Spezialitäten, deren ›Stammbäume‹ mittelalterliche und zum Teil sogar antike Vorfahren aufweisen. Dazu zählen zwei Mehlspeisen, deren Gemeinsamkeit darin besteht, dass beide in Öl bzw. Schmalz frittiert werden, nämlich Crescentine und Sfrappole.

Für die Crescentine wird ein fester Hefeteig aus Weizenmehl, Wasser und Milch hergestellt, in Quadrate geschnitten und in Schweineschmalz frittiert. Während des Frittierens blähen sie sich zu kleinen Teigtäschchen auf. Bei richtiger Zubereitung ist das Ergebnis mit dem im römischen Kochbuch als »aliter dulcia« beschriebenen Gebäck (Apicius 7,13,6; S. 211) fast identisch. Während die moderne Version mit Käse, Salami und ähnlichen gesalzenen Beilagen serviert wird, bietet das römische Kochbuch eine süße Variante: die frittierten Teigtäschchen wurden mit Honig beträufelt. Dies entspricht eher den Sfrappole, die aus einem etwas modifizierten Eiernudelteig gemacht werden, der dünn ausgerollt, in Rechtecke geschnitten und in Fett oder Schmalz ausgebacken wird, bis die Stücke auf beiden Seiten goldgelb sind. Das Ergebnis sind sehr knusprige Teigstückchen, die vor dem Verzehr mit Puderzucker bestreut werden.

Lasagne: Einige Male tauchen zwischen den Auflaufrezepten des Apicius Rezepte auf, die stark an Lasagne erinnern (z. B. S. 171). Sie bestehen aus Teigfladen, zwischen die verschiedene, mehr oder weniger flüssige Zubereitungen gegeben werden. Das Ganze wird dann im Ofen ausgebacken. Ein solcher Teigfladen heißt auf Lateinisch »laganum«. Von diesem Wort leitet sich das italienische Wort Lasagne ab. In einigen mittelalterlichen Kochbüchern finden sich vergleichbare Gerichte.[1] Die Zubereitung der modernen Lasagne erfolgt genauso: schichtweise wird sie aus Nudelteigblättern und einer Hackfleischzubereitung aufgebaut.

Lukanische Würste: In Norditalien, speziell in der Region Trentino-Alto Adige, findet man eine Wurstsorte, die als Luganega oder auch Lucanica bekannt ist. Die traditionellen Rezepte der Luganega sind von Ort zu Ort sehr verschieden und reichen von einer Wurst, die der Salami ähnelt, bis zu einer Art Bratwurst. Stellenweise wird sie sogar gebraten, ohne in eine Wursthaut gefüllt worden zu sein. Die Luganega oder Lucanica geht auf die schon bei Apicius erwähnten

»lucanicae« – Lukanische Würste (S. 137) – zurück, die aber eigentlich nicht aus Norditalien, sondern aus der heutigen Region Basilikata, dem alten Lukanien, stammen. Auch dort zählt diese Sorte Wurst unter der Bezeichnung (Salsiccia) Lucanica immer noch zu den regionalen Spezialitäten. Der römische Gelehrte Varro wusste in seinem Werk »De lingua Latina« zu berichten, dass römische Soldaten die Lukanischen Würste von den Lukanern kennengelernt und in Rom populär gemacht hatten.[2] Man findet Wurstspezialitäten unter demselben Namen auch außerhalb Italiens, nämlich als Loukanika in Griechenland und als Lukanka in Bulgarien.

Rosinenwein: In Italien existieren heute noch Weine, die als Vino Passito bezeichnet werden. Wenn wir uns die Herstellung dieser Weine genauer anschauen, stellen wir fest, dass viele auf ganz ähnliche Weise entstehen wie das in den Rezepten des römischen Kochbuches oft genannte »passum« (S. 20). Besonders die traditionellen Herstellungsverfahren für Vin Santo Toscano entsprechen denen des »passum« in verblüffender Weise: Man lässt die Trauben nach der Lese in Trockenregalen mit Böden aus Schilf eintrocknen. Wenn der Wassergehalt der Trauben ausreichend abgenommen hat, werden sie in einem sehr schonenden Verfahren gekeltert, wodurch man einen sehr süßen Most erhält. Dieser wird dann zu einem starken und mitunter recht süßen Dessertwein vergoren. Vom römischen Landwirtschaftsschriftsteller Columella, der im 1. Jahrhundert n. Chr. lebte, kennen wir eine Beschreibung der Herstellung von »passum«, die mit der modernen Methode fast identisch ist.[3]

Salatdressing: Das moderne, einfache Salatdressing mit Öl, Essig und Salz findet sich im römischen Kochbuch sowohl in dieser als auch in sehr ähnlichen Varianten.

Besondere Zutaten und typisch Römisches

Einige Zutaten sind typisch für die römische Küche und tauchen immer wieder in den antiken Rezepten auf, wie etwa der Pfeffer, andere kennen wir praktisch nur vom Hörensagen wie z. B. die Zitronatzitrone. An den römischen Rezepten fallen uns vor allem zwei Dinge auf:

1. Es herrscht eine gewisse Vorliebe für kräftige süß-sauer-scharfe Gewürzkombinationen.
2. Die Vielfalt der verwendeten Gewürze ist wesentlich größer als in unserer eigenen klassischen Küche.

Damit ist der römischen Küche eine gewisse Ähnlichkeit zur indischen Küche nicht abzusprechen, und es ist wohl tatsächlich so, dass die römische Haute Cuisine gerne Anregungen aus der orientalischen Küche aufnahm. Ein Beispiel dafür sind als »alexandrinisch« bezeichnete süß-saure Saucen mit Trockenpflaumen oder Rosinen (S. 132 und 138).

Einige dieser Zutaten sind – in alphabetischer Reihenfolge:

Pflanzen:

Alica – Dinkel: »Alica« wird nach Plinius dem Älteren aus »zea«, nämlich Dinkel bzw. Spelt, hergestellt (»Naturalis historia« 18,112). In der heutigen Küche können wir statt »alica« Dinkelmehl verwenden.
Cepae, cepulae, bulbi – Zwiebeln: Die Speisezwiebel ist mit dem Lauch eng verwandt und eine sehr alte Kulturpflanze. In römischen Rezepten ist sie eine häufig anzutreffende

Zutat, wobei verschiedene Zwiebelarten Verwendung finden, etwa die normale Speisezwiebel, die Schalotte, die Gemüsezwiebel; in einem Rezept stoßen wir sogar auf eine Zubereitung von Schnittlauchzwiebeln, also der Wurzeln/Knollen des Schnittlauchs (S. 73).

Citrium – Zitronatzitrone: Als einzigen Vertreter der Zitrusfrüchte kannten die Römer die Zitronatzitrone (Citrus medica L.[4]). Diese wurde bereits von Theophrast beschrieben und gelangte wohl zum ersten Mal mit dem Heer Alexanders des Großen nach Europa. Außerhalb Siziliens, wo sie zur Erntezeit fast an jeder Straßenecke angeboten wird, ist sie immer noch schwer erhältlich und relativ teuer. Inzwischen wird sie aber von einigen Onlinehändlern angeboten, so dass prinzipiell die Möglichkeit besteht, die Rezepte, die Zitronatzitronen als Zutat erfordern, einmal auszuprobieren. In Mittel- und Nordeuropa kennt man sie bisher hauptsächlich in kandierter Form als Zitronat.

Zitronatzitronen sind wesentlich größer als Limonen und außen etwas dunkler gefärbt. Das limonenartige Innere ist von einer 2–3 cm dicken Schicht weißen Fruchtfleisches umgeben, aus dem das Zitronat gemacht wird und das vom Geschmack her ein wenig an Gurke erinnert.

Colocasium – Lotuswurzel: Bei der aus der asiatischen Küche bekannten Lotuswurzel (Nelumbo nucifera L.) handelt es sich um das Rhizom, eine wurzelähnliche Knolle, der Indischen Lotusblume, einer Seerosenart. In den Wörterbüchern findet man als Übersetzung meist Wurzel der indischen Wasserrose. Plinius beschreibt sie kurz in seiner »Naturalis historia« (21,87). Äußerlich haben die ungeschälten Lotuswurzeln Ähnlichkeit mit Kartoffeln. Apicius schlägt gelegentlich Kürbis als Ersatz dafür vor. Die Rezepte für »colocasia« sind ein interessanter Beleg für die Verwandtschaft der kaiserzeitlichen römischen Küche mit der modernen ostasiatischen Küche.

Cucurbita – Flaschenkürbis: Die von den Römern verwendete Kürbisart ist der Flaschenkürbis (Lagenaria siceraria). Der heute gebräuchliche Gartenkürbis (Cucurbita L.) stammt aus Amerika. Dennoch passt auch der Gartenkürbis gut in die römischen Rezepte.

Cyperum – Erdmandel: Die Erdmandel (Cyperus esculentus L.) gehört zu den Zypergräsern und ist im Mittelmeerraum heimisch. Wie der deutsche Name schon verrät, besitzt diese Grasart essbare, mandelähnlich schmeckende Knollen. Bei Apicius wird sie einige Male als Zutat erwähnt. Erdmandeln sind inzwischen im Onlinehandel erhältlich.

Dactyli/Cariotae – Datteln: Datteln spielten in der römischen Küche eine gewisse Rolle, obwohl sie immer Importware blieben. Innerhalb von Italien gab und gibt es lediglich in Sizilien Dattelpalmen, deren Früchte ausreifen. Im Kochbuch des Apicius finden wir häufig den Begriff »caryota«, der anscheinend sowohl eine spezielle Dattelart als auch eine Flüssigkeit zu bezeichnen scheint. Wahrscheinlich handelt es sich dabei um Dattelsirup oder Dattelwein. Die Interpretation, dass damit Dattelhonig oder Palmhonig gemeint sein könne, erscheint nicht plausibel. Palmhonig wird ähnlich wie Ahornsirup aus dem Saft bestimmter Palmarten gewonnen und ist heute eine Spezialität der Kanarischen Inseln. Es ist aber unwahrscheinlich, dass ein solches Produkt zu römischer Zeit bereits im Handel war.

In der römischen Küche taucht öfters die Kombination von Pinienkernen mit Datteln oder Pflaumen auf. Im Mittelalter findet sich dafür oft die Bezeichnung »nach Sarrazenenart«. Es handelte sich also wohl um Rezepte orientalischen Ursprungs.

Faba und faseolus – Bohnen: Da die Römer die aus Amerika eingeführten Arten noch nicht kannten, muss man sich beim originalgetreuen Nachkochen natürlich auf Arten beschränken, die in Europa heimisch sind. Das sind im Wesentlichen die Dicke Bohne oder Saubohne (Vicia faba L.) sowie die Augenbohne oder auch Kuhbohne (Vigna unguiculata L.).

Fici/Caricae – Feigen: Feigenbäume sind aus Italien nicht wegzudenken. Ihre ursprüngliche Heimat liegt wahrscheinlich in Vorderasien. Die Feige wurde jedoch schon sehr früh im gesamten Mittelmeergebiet kultiviert. Auch im römischen Kochbuch wird sie mehrmals erwähnt. Bekannt ist die Anekdote, Cato habe, um den Senatoren zu verdeutlichen, wie kurz der Weg von Karthago nach Rom ist, frische Feigen im Senat gezeigt, die zwei Tage zuvor in Karthago gepflückt worden waren, und die Senatoren so dazu gebracht, dem Dritten Punischen Krieg zuzustimmen.[5]

Porrus – Lauch: Lauch war bei den Römern als Zutat sehr beliebt. Etwas zweifelhaft ist, ob er bei ihnen schon in der Form und Größe, die wir heute kennen, existierte. Vieles deutet darauf hin, dass eine Lauchstange viel kleiner war als der heute handelsübliche Lauch – wie sonst hätte man ganze Bündel Lauch hinzufügen sollen? Daher sollte vielleicht eher zu den kleineren Lauchzwiebeln greifen, wer Wert auf eine sehr originalgetreue Wiedergabe legt.

Flüssige Zutaten:

Defrutum, caroenum, sapa – Traubensirup: Bei diesen drei Flüssigkeiten handelt es sich jeweils um unterschiedlich stark eingekochten Traubensaft, der als Traubensirup eine Alternative zum Süßen der Speisen darstellte. Da es im Deutschen keine speziellen Bezeichnungen für die einzelnen Qualitäten dieses Sirups gibt, wurden in den Rezepten die ursprünglichen Bezeichnungen beibehalten. Die unterschiedlichen Konzentrationen sind folgende:

Caroenum: Traubensaft, der auf zwei Drittel eingekocht wird.

Sapa: auf etwa ein Drittel eingekochter Traubensaft.

Defrutum: Traubensaft, der so lange eingekocht wird, bis er zähflüssig wie Honig ist, also etwa auf ein Fünftel bis ein Sechstel.

Liquamen/Garum und Allec: Die in der Antike als Garum oder – bevorzugt bei Apicius – als Liquamen bezeichnete Sauce wurde aus kleinen Fischen, wahrscheinlich hauptsächlich Sardellen, hergestellt, wobei man diese sich mit Salz bzw. in stark salzhaltigem Wasser mehrere Wochen lang hat zersetzen lassen. In Bezug auf Rezeptur und Preisgestaltung waren den Herstellern kaum Grenzen gesetzt.

Zum antiken Garum gibt es mehrere moderne Alternativen. An der amalfitanischen Küste, speziell in dem malerischen Fischerort Cetara zwischen Amalfi und Salerno, wird noch heute eine ähnliche Würzsauce hergestellt, die als Colatura di Alici eine bekannte Spezialität dieser Gegend darstellt. Diese entspricht wohl am besten dem antiken Garum. Fast genauso hört sich das Herstellungsverfahren an, das am Ende der »Geoponika« beschrieben wird.[6] Leider ist es außerhalb von Italien, und selbst dort, nicht einfach, Colatura di Alici zu erhalten. Man findet sie inzwischen aber auch bei einigen Onlinehändlern.

Auch einige asiatische Fischsaucen sind dem antiken Garum sehr ähnlich, so ist z. B. das vietnamesische Nuoc-Mam ein guter Liquamen- oder Garum-Ersatz.

Das originale Liquamen muss sehr salzhaltig gewesen sein, da als Alternative oft Salz genannt wird. Man kann stattdessen, wenn man weder Colatura di Alici noch Nuoc-Mam bekommt oder verwenden will, durchaus Salz – am besten Meersalz – nehmen, auch wenn der typische Beigeschmack dann verlorengeht.

Garum bzw. Liquamen war im antiken Rom ein beliebter und in den ersten Jahrhunderten unserer Zeitrechnung in fast jedem Gericht verwendeter Salzersatz. Allerdings war es damit im 6. Jahrhundert vorbei. Zu dieser Zeit rät z. B. Anthimus in seinem Brief über gesunde Ernährung an Theoderich den Großen vom Gebrauch des Liquamen ab.

Als Allec bezeichneten die Römer eine Gewürzsauce, die genauso wie Liquamen gewonnen wurde. Es handelte sich nämlich um den Bodensatz des Garum, also um das, was beim Ausfiltern des Liquamen übrig blieb. Allec ähnelt der heutigen Sardellenpaste und kann beim Nachkochen römischer Gerichte durch diese ersetzt werden.

Mel – Honig: Da die Herstellung von Zucker noch nicht so weit entwickelt war, verwendeten die römischen Köche neben süßem Traubensirup fast ausschließlich Honig zum Süßen der Speisen. Das intensive Honigaroma gesüßter Speisen ist ein typisches Merkmal römischer Gerichte, während man seit dem Spätmittelalter den Zucker als neutralen Süßstoff bevorzugt. Noch heute ist die Vorliebe für Honig als Süßstoff in Süditalien zu spüren, wo viele traditionelle Süßspeisen mit Honig statt Zucker zubereitet werden.

Oenogarum: Hierbei handelt es sich im Prinzip um eine Mischung von Garum (Colatura di Alici) und Wein. Sie wurde durchaus auch mit weiteren Gewürzen gemischt. Besonders gut wird Oenogarum, wenn man drei Teile Marsala und einen Teil Colatura di Alici mit etwas Pfeffer, Liebstöckel, Koriander und Honig mischt.

Oleum – Olivenöl: Die Römer griffen beim Braten, Frittieren, Kochen und Anrichten von Speisen immer zu Olivenöl. Andere Öle oder Fette fanden in der Küche praktisch keine Verwendung.

Der Sage nach wurde der Ölbaum von der Göttin Athene geschaffen, die damit den Meeresgott Poseidon in einem Wettbewerb schlug, in dem es darum ging, wer die nützlichere Erfindung hervorbrächte (Poseidon habe bei dieser Gelegenheit eine Quelle sprudeln lassen oder soll das geflügelte Pferd Pegasus erschaffen haben, das aber nicht über den Status eines Prototyps hinauskam und später als Sternbild im Nachthimmel landete).

Bei Cato kam der Olivenhain in Bezug auf den Ertrag hinter dem Weingut auf Platz zwei, und im Preisedikt von Diokletian hatten schwarze Oliven höchstens vier Denare pro Sextar (547 ml) zu kosten, was einem Preis von ungefähr 3 €/kg entsprechen dürfte, während Olivenöl bester Qualität bis zu 40 Denare pro Sextar, also etwa 22 €/l, kosten durfte. Man muss natürlich berücksichtigen, dass man in der Antike etwa 6–7 kg Oliven benötigte, um daraus 1 l Öl herzustellen.

Im römischen Kochbuch ist auch ein Tipp überliefert, wie man Oliven zum Pressen von Öl frischhalten kann: Man solle sie in Olivenöl einlegen, um daraus jederzeit frisches Öl pressen zu können.[7]

Passum – Rosinenwein: Nach dem, was wir über die Herstellung des antiken Passum wissen, handelt es sich um einen sehr süßen Wein, der aus getrockneten Weintrauben hergestellt wurde. Auch heute findet man solche Weine in Italien, z. B. den toskanischen Vin Santo oder – vielleicht noch besser – den Passito di Pantelleria, durch die sich das antike Passum adäquat ersetzen lässt. Aber auch andere Trockenbeerenauslesen eignen sich gut als Ersatz. Passum steht in den Rezepten also für einen sehr süßen Dessertwein, was man auch daran erkennt, dass Passum in den Originalrezepten häufig als Alternative zu Honig angegeben wird.

Gewürze:

Cuminum/Careum – Kreuzkümmel/Wiesenkümmel: Bei »cuminum« handelt es sich höchstwahrscheinlich um Kreuzkümmel, bei »careum« um Wiesenkümmel. Etwas verwirrend ist die deutsche Nomenklatur insofern, als es sich um völlig unterschiedliche Aromen handelt. Während man in Deutschland unter »Kümmel« meist den Wiesenkümmel versteht, erinnert uns Kreuzkümmel eher an indische Gewürzmischungen.

Ligusticum – Liebstöckel: Liebstöckel – wegen seines speziellen Aromas gelegentlich auch als »Maggikraut« bezeichnet – taucht in einer großen Zahl von Rezepten des römischen Kochbuchs auf und scheint eins der Lieblingsgewürze des Autors gewesen zu sein. Interessanterweise steht Apicius mit seiner Vorliebe für Liebstöckel fast alleine da. Während viele Gewürzmischungen des römischen Kochbuchs mit »Pfeffer, Liebstöckel, ...« beginnen, macht sich Liebstöckel in mittelalterlichen Rezepten rar und wird hauptsächlich als Heilkraut erwähnt.

Origanum – Oregano: Oregano (Origanum vulgare L.) ist neben Pfeffer eines der Lieblingsgewürze von Apicius. Häufig tritt dieses mit dem Majoran eng verwandte Gewürz in Kombination mit Pfeffer und Liebstöckel in den Rezepten auf. Auch heute spielt es als Pizzagewürz in der italienischen Küche eine wichtige Rolle.

Petroselinum – Petersilie: Die Petersilie (Petroselinum crispum Fuss) ist ein ganz altes europäisches Gewürzkraut. Auch in den römischen Rezepten kommt sie häufig vor.

Piper – Pfeffer: Obwohl in Europa bis heute nicht angebaut, wurde Pfeffer in der Antike bereits von den Griechen genutzt und in beträchtlichen Mengen aus Indien importiert. In der Küche der Römer war er allgegenwärtig und tritt in den Rezepten des Apicius besonders häufig in der Kombination mit Liebstöckel auf. Sogar Süßspeisen wurden durch Bestreuen mit gemahlenem Pfeffer verfeinert.

Puleium – Poleiminze: Poleiminze oder Flohkraut (Mentha pulegium L.) war bei den Römern als Gewürz sehr beliebt und wurde häufig statt anderer Minzenarten verwendet. Sie ist jedoch leicht giftig, weshalb sie früher als Mittel gegen Flöhe eingesetzt wurde, und sollte daher mit Vorsicht verwendet werden. Man kann sie in der Küche jedoch gut durch andere Minzen – sowohl frisch als auch getrocknet – ersetzen.

Ruta – Weinraute: Weinraute ist ein bei den Römern relativ beliebtes Gewürzkraut. Verwendet wurden die Blätter oder gelegentlich auch die Samen. Sie ist jedoch leicht giftig, weshalb sie nie in großen Mengen verwendet werden sollte, und besonders für Schwangere sehr gefährlich, da sie abtreibende Wirkung hat.

Silphium und Laser – Asant: Bei dem, was in der Antike unter dem Namen Silphium bekannt war, handelte es sich um zwei verschiedene Gewürze:

Das erste war eine im östlichen Libyen – und nur dort – beheimatete Staude; ihr Saft wurde ausgepresst und aus ihm ein sehr edles und anscheinend wohlschmeckendes Gewürz gewonnen, das bei den Römern auch als Laser bzw. Laserpicium bekannt war. Zwar gibt es aus der Antike Abbildungen der Silphium-Staude, unter anderem auf Münzen, allerdings scheint sie aus Libyen, wo sie heimisch war, vollständig verschwunden bzw. schon in der Antike durch übermäßigen Abbau ausgerottet worden zu sein. Wir können für Silphium also durchaus Asant verwenden.

Tierisches:

Fleisch, Fisch und Meeresfrüchte: Die Römer kannten eine große Vielfalt von Speisen tierischen Ursprungs. Übliche Speisen bei den Gelagen der High Society waren z. B. Saueuter, Wildschwein, Hase, Meerbarben und Austern. Davon weiß der römische Dichter Martial zu erzählen.[8] Verschiedenste Fische gab es in Hülle und Fülle, und aller Art von Geflügel waren die Römer ebenfalls zugeneigt. So landeten außer Hähnchen, Gans und Ente gelegentlich auch Papagei, Strauß und Flamingo in römischen Kochtöpfen. Apicius selbst soll besonders von Flamingozungen geschwärmt haben.[9] Auch andere exotische Tiere konnten schon einmal aufgetischt werden: So fand man in einer pompejanischen Abfallgrube Überbleibsel einer Giraffe.

Lammhirnchen: Hirn ist zugegebenerweise nicht jedermanns Sache. In den Hackfleischrezepten kommt es neben Eiern häufig vor. Gemeint ist mit »cerebellum« nichts anderes als ein kleines Gehirn, vorzugsweise wahrscheinlich vom Lamm, evtl. auch vom Spanferkel. Nach den Berichten über die Rinderkrankheit BSE, ihre Ursachen und die Zusammenhänge mit der Creutzfeldt-Jakob-Krankheit sind wir bei der Verwendung solcher Zutaten vorsichtig geworden und finden Hirn immer seltener auf unserer Speisekarte. Wer es nicht verwenden will, kann natürlich auf Alternativen ausweichen und es z. B. durch Kalbsbries oder andere Zutaten ersetzen, die von der Konsistenz her ähnlich sind, wie etwa Wollwürste oder sogar schwach gewürzte Weißwürste.

Quallen: Quallen tauchen in einigen (wenigen) römischen Rezepten auf. Welche Quallenart die Römer für ihre Rezepte verwendet haben, ist nicht bekannt. Klar ist aber, dass es sich auch damals um eine ungewöhnliche Zutat handelte, da in einem Rezept angemerkt wird, dass wohl niemand am Tisch herausfinden werde, was er da gerade esse.[10] Heute kennt man Quallen als Speise – meist vom Hörensagen – aus der asiatischen Küche. Man findet durchaus getrocknete Quallen im Versandhandel, tiefgefrorene sogar in einigen Asia-Läden. Einige Rezepte kursieren sogar in europäischen Gourmetforen, aber für die meisten Leute wirkt Qualle als Zutat eher abschreckend. Dennoch wird z. B. in Italien inzwischen ernsthaft über eine Ausweitung der kulinarischen Verwendung von Quallen nachgedacht, auch um das ökologische Gleichgewicht, das durch Überfischung stark gelitten hat, wieder zu verbessern.

Moderne Zutaten

In der modernen Küche werden gerne einige Zutaten verwendet, die z. T. aus anderen Teilen der Welt stammen und den Römern noch unbekannt waren oder von ihnen nicht genutzt wurden. Wer also ein originalgetreues Menü zusammenstellen will, sollte in jedem Fall auf folgende Ingredienzen verzichten:

Alkohol: Alkohol als Ergebnis der Destillation war den Römern noch nicht bekannt. Die Destillation von Alkohol wurde erst im Mittelalter entwickelt.

Aubergine: *Herkunft: Asien*
Obwohl in Asien seit langer Zeit als Kulturpflanze angebaut, scheint die Aubergine ihren Weg nach Europa im Altertum nicht gefunden zu haben.

Avocado: *Herkunft: Amerika (Mexiko)*
Der Avocadobaum wurde zuerst in Mexiko kultiviert. Im Mittelmeerraum wird er erst seit dem 20. Jahrhundert angepflanzt.

Banane: *Herkunft: Südostasien*
Die Banane gelangte schon sehr früh von Südostasien nach Madagaskar und auf das afrikanische Festland. Die Römer kannten sie jedoch allem Anschein nach noch nicht.

Butter: So merkwürdig es klingt: die Römer haben die »drei Geheimnisse der französischen Küche«, nämlich die Butter, in der Küche wohl nicht verwendet. Kein einziges der überlieferten Rezepte enthält Butter als Zutat. Schon deshalb machen viele römische Rezepte einen »gesunden« Eindruck.

Eischnee: Herstellung und Verwendung von Eischnee scheint den Römern noch unbekannt gewesen zu sein, obwohl sich Eiweiß auch gut von Hand schlagen lässt. Erst seit dem 16. Jahrhundert taucht Eischnee in Rezepten auf.

Erdnuss: *Herkunft: Südamerika*

Die Erdnuss ist eigentlich eine Hülsenfrucht, ähnlich der Erbse und Bohne, hat also botanisch mit Nüssen nichts zu tun. Auch sie wurde von den spanischen Entdeckern aus Amerika nach Europa gebracht.

Gartenbohne oder Grüne Bohne: *Herkunft: Südamerika*

Die Römer kannten zwar verschiedene europäische Bohnenarten, wie etwa die Ackerbohne (Saubohne), jedoch war ihnen die heute gebräuchliche Gartenbohne unbekannt, die erst im 16. Jahrhundert nach Europa eingeführt wurde.

Gartenkürbis: *Herkunft: Amerika (Mexiko)*

Die bei uns inzwischen am häufigsten verwendete Kürbisart stammt, wie viele andere Kulturpflanzen, aus Mexiko. Dasselbe gilt für die Zucchini. Will man Kürbisarten verwenden, die schon den Römern bekannt waren, sollte man zum Flaschenkürbis greifen.

Kaffee: *Herkunft: Afrika (Äthiopien)*

Obwohl sie theoretisch bereits den Römern hätte bekannt sein können, blieb die Kaffeepflanze noch viele Jahrhunderte lang ohne Bedeutung, bis laut Legende ein Hirte rein zufällig die anregende Wirkung ihrer Früchte entdeckte, nachdem Tiere seiner Herde davon gefressen hatten. Kaffee kam jedoch auch in den arabischen Ländern erst ab dem 15. Jahrhundert in Mode.

Kakao: *Herkunft: Amerika (Mexiko)*

Auch der Kakao wurde zuerst in Mexiko als Kulturpflanze genutzt. Ähnlich wie bei der Vanille entsteht das Endprodukt mit Hilfe von Fermentation des Fruchtfleisches der Kakaofrucht.

Kaki: *Herkunft: Ostasien (China)*
Diese inzwischen in Italien häufig anzutreffende Frucht stammt eigentlich aus China und wurde erst im 19. Jahrhundert in anderen Teilen der Welt (Südeuropa, Brasilien, Kalifornien) kultiviert.

Kartoffeln: *Herkunft: Südamerika (Anden)*
Die Römer kannten praktisch nichts der Kartoffel Vergleichbares. Von der Konsistenz her mögen zwar Kürbisse und »colocasia«, also die Lotuswurzeln, den Kartoffeln ähneln, sie sind jedoch nie zu den römischen Grundnahrungsmitteln aufgestiegen.

Kiwi: *Herkunft: Ostasien (China)*
Zwar ist die Gegend zwischen Rom und Latina heute das größte Anbaugebiet der bei uns so beliebten Kiwifrucht, doch sie trat erst zu Beginn des 20. Jahrhunderts ihre Reise um die Welt an.

Kokosnuss: *Herkunft: wahrscheinlich Indien oder Ozeanien*
Obwohl die Kokospalme bereits seit vielen Jahrhunderten kultiviert wird, blieb ihre Verbreitung lange Zeit auf die Küstenregionen des Indischen und Pazifischen Ozeans beschränkt. Wir haben keinen Hinweis darauf, dass Kokosnüsse im antiken Europa bekannt waren.

Mais: *Herkunft: Amerika (Mexiko)*
Heute eine der wichtigsten Getreidearten weltweit, wurde der Mais erst durch Kolumbus nach Europa gebracht und zuerst in Spanien, kurz darauf in der Türkei und im Nahen Osten angebaut.

Majoran: *Herkunft: Kleinasien*
Obwohl Majoran, bei dem es sich um eine dem Oregano

eng verwandte Pflanze handelt, in der Reichweite römischer Köche lag, taucht die Bezeichnung erst um 1300 im »Liber de coquina« als Gewürz auf. Die Römer haben stattdessen immer mit Oregano gewürzt.

Mango: *Herkunft: Indien*
Auch wenn die Römer einige indische Pflanzen, wie z. B. die Melonen, erfolgreich in Italien kultiviert haben, kannten sie Mangos offensichtlich noch nicht.

Muskatnuss: *Herkunft: Molukken*
Die Muskatnuss hielt erst im 13. Jahrhundert Einzug in die Kochbuchliteratur und wird z. B. im mittelalterlichen »Liber de coquina« erwähnt. Bei den Römern scheint sie noch nicht bekannt gewesen zu sein.

Nudeln: *Herkunft: Italien/China*
Zwar hatten die Römer alle Zutaten für die Nudelproduktion zur Verfügung, dennoch stammen die ersten Rezepte für nudelähnliche Speisen aus dem Mittelalter. Einzig die in den römischen Lasagnerezepten erwähnten Teigblätter entsprechen ungefähr den Teigblättern der heutigen Lasagne.

Paprika, Peperoni, Chili: *Herkunft: Süd- und Mittelamerika*
Die verschiedenen Paprikasorten gehören zu den Nachtschattengewächsen und stammen aus Süd- und Mittelamerika. Von dort gelangten sie mit den ersten Expeditionen nach Europa, wo sie erfolgreich kultiviert wurden.

Rosmarin: *Herkunft: Mittelmeerraum*
Auch wenn Griechen und Römer den Rosmarin gut kannten, sucht man ihn in den antiken Rezepten vergeblich. Einzig bei Columella findet man ein Rezept für Rosmarinwein – ein Heilgetränk[11].

Sahne: Auch die Sahne war den Römern – ebenso wie die Butter – zwar nicht unbekannt, wurde von ihnen aber in der Küche nicht verwendet. Wir werden sie vielleicht in der einen oder anderen römischen Sauce vermissen, müssen uns damit aber auch keine weiteren Gedanken um die in ihr enthaltenen Kalorien machen.

Sojabohne: *Herkunft: Südostasien (China/Japan)*
Obwohl in China seit vielen Jahrtausenden als Kulturpflanze genutzt, wurde die Sojabohne – im Gegensatz zu anderen Nahrungsmitteln – erst Ende des 17. Jahrhunderts in Europa bekannt.

Tee: *Herkunft: Südostasien*
Der Genuss von Tee ist in Europa erst im 18. Jahrhundert und damit erst vor relativ kurzer Zeit populär geworden, obwohl er in China schon für die Antike nachweisbar ist.

Tomaten: *Herkunft: Süd- und Mittelamerika*
Die Tomaten gehören wie die Kartoffeln zu den Nachtschattengewächsen. Sie wurden wahrscheinlich von Kolumbus nach Europa gebracht, begannen sich in Deutschland aber erst im 20. Jahrhundert durchzusetzen.

Truthahn/Pute: *Herkunft: Amerika*
Truthähne bzw. Truthühner wurden zwar recht früh nach Europa gebracht, waren den Römern aber natürlich noch nicht bekannt. Dennoch kann man einige der römischen Geflügelrezepte durchaus einmal mit Truthahn versuchen, da ihr Fleisch dem von Hähnchen sehr ähnlich ist.

Vanille: *Herkunft: Amerika (Mexiko)*
Bei der Gewürzvanille handelt es sich um eine Orchideenart, deren fermentierte Fruchtkapseln das aromatische Vanillin enthalten. Sie stammte ursprünglich aus Mexiko, und es war lange nicht gelungen, die Pflanzen in anderen An-

baugebieten zu kultivieren. Erst die Entwicklung von Methoden zur künstlichen Bestäubung machte dies möglich.

Zimt: *Herkunft: Südostasien*

Den Römern war Zimt (d. h. die Rinde des Echten Zimtbaums, Cinnamomum verum, J. Presl) nicht unbekannt. Allerdings taucht er in den originalen römischen Rezepten nirgends auf, im Mittelalter war er als Gewürz sehr beliebt. Stattdessen kamen bei den Römern unter der Bezeichnung »malabathrum« gelegentlich die Blätter des Indischen Lorbeers (Cinnamomum tamale L.) zum Einsatz.

Zitrusfrüchte (Zitronen, Limonen, Mandarinen, Orangen und Grapefruit): *Herkunft: Ostasien*

Von den Zitrusfrüchten kannten die Römer lediglich die Zitronatzitrone (Citrus medica L.). Andere Arten haben ihren Weg von Ostasien nach Europa wohl erst mit den Kreuzzügen im Mittelalter gefunden. Das erste Kochbuch, in dem Limonen als Zutat erwähnt werden, ist der um 1300 niedergeschriebene »Liber de coquina«.

Zucker: *Herkunft: Asien (Indien)*

Obwohl Zucker aus Zuckerrohr im antiken Rom bereits bekannt war und, wie Plinius der Ältere erwähnt, zu medizinischen Zwecken verwendet wurde, begann er seinen Siegeszug in der europäischen Küche erst im Spätmittelalter. Ursprünglich stammt das Zuckerrohr aus Indien, wurde aber wohl bereits in der Antike auch im Nahen Osten angebaut. Die neu gezüchtete Zuckerrübe ließ sich sogar erst im 19. Jahrhundert zur Zuckerproduktion verwenden.

Sonstiges: In einer weitaus stärker globalisierten Welt können wir heute selbst in fernen Ländern Erfahrungen mit neuen Nahrungsmitteln machen, wir finden inzwischen auch in unseren Supermärkten viele exotische Früchte und andere Zutaten, die im kaiserzeitlichen Rom noch unbekannt waren. Auf der anderen Seite haben uns die Römer vieles nähergebracht, was sie auf ihren Expeditionen kennengelernt haben, wie z. B. die Kirsche oder die Melone.

Der Preis für gutes Essen

Einen guten Anhaltspunkt liefert das Preisedikt des Diokletian, das wahrscheinlich im Jahr 301 erlassen wurde. Der Anlass für dieses Preisedikt war der starke Anstieg der Inflation in diesen Jahren und die Befürchtung, die Wirtschaft könne ernsthaften Schaden nehmen. Während die am Goldpreis bemessene durchschnittliche jährliche Teuerungsrate im Römischen Reich zwischen dem 2. vorchristlichen Jahrhundert und dem 3. Jahrhundert unserer Zeitrechnung mit weniger als 1 Prozent als sehr niedrig bezeichnet werden kann, stieg sie in der Zeit zwischen 300 und 324 auf einen Wert von über 7 Prozent. Um weiterer Teuerung Einhalt zu gebieten, schuf Diokletian einen Katalog, der Höchstpreise für Waren und Dienstleistungen festlegte.

Die Preise daraus mit heutigen Preisen zu vergleichen, ist nicht ganz einfach, da sich heutige und antike Warenkörbe signifikant unterscheiden, verschiedene alltägliche Dinge durch moderne Produktionsmethoden für uns erheblich günstiger sind und die Preise für Gold und andere Edelmetalle durch die unterschiedliche Verfügbarkeit und moderne Handelsmethoden erheblich verfälscht werden. Im Preisedikt ist z. B. der maximale Goldpreis mit 50 000 Denaren pro römisches Pfund (ca. 327 g), also ca. 153 Denaren pro

Gramm, angegeben. Umgerechnet hieße dies, dass beim aktuellen Goldpreis von ca. 60 Euro/g ein Denar etwa 0,40 Euro entspräche. Allerdings muss bei dieser Berechnung berücksichtigt werden, dass der Goldpreis an den Rohstoffbörsen allein in den letzten 20 Jahren von ca. 11 Euro/g im Jahr 2001 bis auf ca. 60 Euro/g im Jahr 2022 gestiegen ist. Natürlich ist der Goldpreis noch etwas höher, wenn man Gold im Geschäft kauft. Würde man heute versuchen, einen maximal erlaubten Preis festzulegen, läge man vielleicht bei 60–70 Euro/g. Berücksichtigt man diese Einflüsse, müsste man für den Wert eines Denars im Jahr 301 zwischen 0,07 und 0,45 Euro ansetzen, wobei das obere Ende der Skala plausibler erscheint. Der Goldpreis ist demnach alles andere als ein zuverlässiger Indikator für Preise des täglichen Gebrauchs. Im Vergleich mit den im Preisedikt ebenfalls erwähnten Tagesverdiensten von Handwerkern würde man mit heutigen Durchschnittsverdiensten zu einem viel höheren Wert des Denars gelangen. Hier sollte man allerdings daran denken, dass der Lebensstandard eines Durchschnittsverdieners zu Beginn des 4. Jahrhunderts deutlich unter dem jetzigen lag. Um eine ungefähre Preisvorstellung römischer Produkte zu vermitteln, setze ich einen Denar um das Jahr 300 n. Chr. zu 0,40 Euro an. Dieser Wert gilt dann natürlich nur für die im Preisedikt Diokletians genannten Waren. Zweckmäßiger erscheint ein Vergleich antiker mit modernen Lebensmittelpreisen, sofern sie sich auf Dinge beziehen, deren Herstellung vor allem der Handarbeit bedarf und sich somit durch industrielle Methoden nicht drastisch verändert hat.

Die Preise für Lebensmittel sind die ersten, die im Preisedikt genannt werden:

Ein guter Wein, z. B. ein Falerner, durfte bis zu 30 Denare pro Sextar (ca. 55 Denare/l), ein normaler Landwein bis zu acht Denare pro Sextar (knapp 15 Denare/l) kosten. Wir wissen, dass Weine auch bei uns je nach Qualität sehr unterschiedliche Preise erreichen.

Der Höchstpreis von Schweinefleisch war auf 12 Denare pro römisches Pfund (ca. 37 Denare/kg), der von Rindfleisch auf 8 Denare (ca. 24 Denare/kg) festgelegt. Der Preis von Schweinehackfleisch (»isicium«) wurde auf 2 Denare pro Unze (ca. 73 Denare/kg), der für Rinderhackfleisch auf 10 Denare pro römisches Pfund (ca. 31 Denare/kg) begrenzt.

Ein Hähnchen (»pullus«) durfte maximal 30 Denare, eine gemästete Gans bis zu 200 Denare kosten. Letztere war damit genauso teuer wie ein Fasan, während eine Ente schon für weniger als 20 Denare zu haben war. Ein römisches Pfund Butter konnte bis zu 16 Denare kosten und scheint damit im Verhältnis zu unseren Preisen sehr teuer gewesen zu sein. Dafür war sie natürlich handgemacht.

Der Preis von einem Denar für ein Hühnerei entspricht ungefähr dem heutigen Preis für Bio-Eier von bis zu ca. 0,45 Euro, wenn man den Wert des Denars über den Goldpreis berechnet.

Die römische Speisefolge

Ein vollständiges römisches Mahl bestand aus Vorspeise, Hauptgericht und Nachtisch. Der bekannte Ausspruch des Horaz »ab ovo usque ad mala«[12] (vom Ei bis zu den Äpfeln) gibt die übliche Speisefolge aber nur ungenügend wieder. Wir haben das Glück, dass in der antiken Literatur mehrere Stellen überliefert sind, die die kompletten Speisefolgen verschiedener Mahlzeiten wiedergeben.

Wie unterschiedlich diese Speisefolge interpretiert werden konnte, zeigt uns ein Vergleich dessen, was uns Macrobius zu einem Festmahl aus Anlass der Weihe von Lentulus zum Marspriester überliefert, an dem auch Caesar teilnahm, und der Auflistung der Speisen aus einem Brief von Plinius dem Jüngeren, in dem er sich beklagt, dass ein Bekannter eine Einladung zum Essen bei ihm nicht wahrgenommen hat.

Gastmahl des Lentulus (Macrobius, Saturnalia 3,13,11 ff.): »Das Gastmahl verlief folgendermaßen: Als Vorspeise gab es (1) Seeigel, (2) so viele rohe Austern, wie man wollte, (3) Gienmuscheln, (4) Lazarusklappern, (5) Drossel auf Spargeln, (6) Poularde, (7) eine Austern- und Gienmuschelplatte, (8) schwarze Meereicheln, (9) weiße Meereicheln, wieder Lazarusklappern, (10) eine andere Art von Gienmuscheln, (11) Quallen, (12) Feigendrosseln, (13) Reh- und (14) Wildschweinlenden, (15) in Teig gehülltes Geflügel, Feigendrosseln, (16) Schnecken und Purpurschnecken. Als Hauptspeise gab es (17) Saueuter, (18) Wildschweinkopf, (19) Fischplatte, (20) eine Platte mit Schweinefleisch, (21) Ente, (22) gesottene Krickente, (23) Hase, (24) gegrilltes Geflügel, (25) Pudding und (26) pizentinisches Brot.«

Einladung zum Essen bei Plinius (Plinius, Epistulae 1,15): »Bereitet waren (1) je ein Salat, (2) je drei Schnecken, (3) je zwei Eier, (4) Grütze mit Honigwein und Schnee (denn den wirst du auch mitrechnen, ja besonders den, der auf der Tafel geschmolzen ist), (5) Oliven, (6) rote Rüben, (7) Kürbisse, (8) Zwiebeln und andere nicht weniger vorzügliche Dinge.«

Eine klare Einteilung in Vor- und Hauptspeise ist in dieser Aufzählung nicht zu erkennen, aber man kann davon ausgehen, dass der Salat bei den Vorspeisen einzuordnen ist und der Grießbrei mit Honigwein als Dessert fungiert.

In der Auflistung fällt auf, dass Fleisch- und Fischgerichte fehlen. Plinius hat offensichtlich Wert auf eine leichte und bekömmliche Ernährung gelegt und die bei solchen Gelegenheiten übliche Völlerei abgelehnt. Als einzige Speise tierischen Ursprungs bot er seinem Gast Schnecken und Eier an und vermutete als Grund für das Nichterscheinen seines Gastes, dass dieser vielleicht einer anderen Einladung den Vorzug gegeben habe, um sich an den üblichen Delikatessen, nämlich Austern, Gebärmutter vom Schwein und Seeigeln, zu laben.

Auch Martial macht sich in seinen Epigrammen ausgiebig über die immer gleichen Essgewohnheiten des römischen Geldadels lustig. Da gibt es Wildschwein, Euter, Austern, Barbe, Hase, Pilze, Hummer und Hecht. Interessant ist, dass auch Martial in einem seiner Epigramme Salat mit Oxygarum (also mit Essig vermischtem Garum) als Vorspeise erwähnt.[13] Wir dürfen also davon ausgehen, dass dies durchaus üblich gewesen ist. Auch heute noch wird der Salat im Restaurant oft vor der Hauptspeise serviert, allerdings eher als Beilage denn als Vorspeise. Die bei uns als Vorspeise gebräuchlichen Suppen wird man jedoch auf der antiken Speisekarte vergeblich suchen.

Was wir in diesen überlieferten Speisefolgen ebenfalls schmerzlich vermissen, ist jeglicher Hinweis auf Obst. Da aber Obst nur zu bestimmten Jahreszeiten ausreichend verfügbar war, können wir davon ausgehen, dass es durchaus nicht bei jeder Cena gereicht wurde, auch wenn das römische Kochbuch einige Vorschläge zur Haltbarmachung von Obst enthält. Dass die Rezepte für Obst nicht gerade häufig in Kochbüchern auftauchen, ist nicht verwunderlich. Man kann es ja ohne weitere Zubereitung frisch genießen.

Hinweise, bei welchen Speisen es sich um Vorspeisen handelt, finden wir in den Rezepttiteln des römischen Kochbuchs. Einige Gerichte sind dort eindeutig als »gustum« deklariert. Im Wesentlichen handelt es sich dabei um Rezepte auf der Basis von Gemüse, evtl. unter Zugabe von Schnecken, Eiern und Innereien und kleineren Fleischstücken von Geflügel.

Die wichtigsten Quellen zu römischen Rezepten

Cato: Marcus Porcius Cato, römischer Senator und Consul des Jahres 195 v. Chr., ist der Autor des ersten überlieferten Prosawerkes der lateinischen Literatur. Sein Buch »Über die Landwirtschaft« enthält alles Wesentliche, was man damals zur Bewirtschaftung eines Landgutes wissen musste, darunter auch einige Rezepte für Mehlspeisen, die offensichtlich zur Ernährung der auf dem Landgut lebenden Arbeiter gedacht waren.
Apicius: Unter dem Namen von Marcus Gavius Apicius ist das älteste vollständig erhaltene Kochbuch überliefert. Apicius hat im 1. Jahrhundert n. Chr. zur Zeit des Kaisers Tiberius gelebt und galt bei seinen Zeitgenossen als Exzentriker, der sein gesamtes, nicht unbeträchtliches Vermögen durch Gelage und die Entwicklung extravaganter Speisen auf-

zehrte. Bei dem überlieferten Text handelt es sich wohl um eine Bearbeitung aus dem 3. oder 4. Jahrhundert n. Chr., die möglicherweise auf ein originales Werk oder sogar mehre von Apicius zurückgeht.

Plinius: Von Plinius dem Älteren, der beim Ausbruch des Vesuvs im Jahr 79 n. Chr. umkam, stammt die umfassendste Enzyklopädie der lateinischen Literatur. Dort sind auch Biographisches zu Apicius sowie Hinweise zur Herstellung wichtiger Zutaten der römischen Küche enthalten.

Columella: Lucius Iunius Moderatus Columella hat zur Zeit des Kaisers Claudius, also im 1. Jahrhundert n. Chr., ein Werk über Gartenbau und Landwirtschaft verfasst, das unter anderem die Herstellung einiger in der römischen Küche immer wieder verwendeter Zutaten beschreibt.

Palladius: Rutilius Taurus Aemilianus Palladius hat im 4. Jahrhundert unserer Zeitrechnung ein Werk über die Landwirtschaft verfasst, das für jeden Monat des Jahres die entsprechenden Arbeiten erklärt, die auf dem Landgut verrichtet werden müssen. Im Herbst werden nach der Ernte aus Olivenöl und Weintrauben einige Produkte hergestellt, die für die römische Küche von Bedeutung sind.

Petronius: Auch die »Cena Trimalchionis« aus dem »Satyricon« des Petron verdient an dieser Stelle eine Erwähnung, da wir darin darüber aufgeklärt werden, welche Art Speisen an der Tafel der Neureichen denkbar und üblich waren.

Rezepte

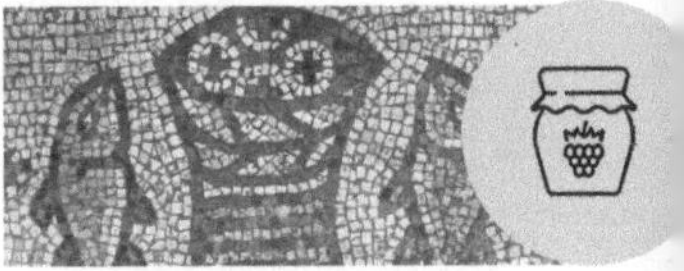

Vorbemerkungen

Kategorien

Vegan: ohne Fleisch, Fisch, Milchprodukte, Honig und Eier – Liquamen bzw. Garum (Colatura di Alici) kann durch Salz ersetzt werden, Honig durch Passum oder Defrutum, Zucker wäre ein im antiken Rom nicht gebräuchlicher Honigersatz.

Vegetarisch: ohne Fleisch und Fisch, aber mit Eiern und/ oder Milch.

Schwierigkeitsgrad

1 sehr einfach
2 einfach
3 mittel
4 schwierig
5 sehr schwierig

Ersatz für spezielle Zutaten

Liquamen	italienische Colatura di Alici, vietnamesisches Nuoc-Mam oder thailändisches Nam Pla. Wer auf die Fischsauce ganz verzichten möchte, kann sie durch Salz mit etwas Weißwein ersetzen.
Poleiminze	normale Minze (auch getrocknet)
Passum	Vin Santo oder Passito di Pantelleria
Caroenum	Traubensaft, auf zwei Drittel eingekocht
Sapa	Traubensaft, auf ein Drittel eingekocht
Defrutum	Traubensaft, auf ein Fünftel eingekocht
Lammhirn	Kalbsbries oder Wollwurst

Potiones et humores

Getränke und Flüssiges

Vinum | Wein (Plinius, Naturalis historia, Buch 14)

Dass die Römer viel und gerne Wein getrunken haben, ist nicht unbekannt. Wie sie den Wein geerntet und gekeltert haben, ist ebenfalls ziemlich genau bekannt. Weit weniger genau bekannt ist jedoch, welche Rebsorten zum Einsatz kamen und wie römische Weine geschmeckt haben.

Mulsum | Honigwein (Columella 12,41)

Vegetarisch

Schwierigkeitsgrad:

Zubereitungszeit: 21 Tage

Zutaten für 10 l

- 8 l frisch gepresster, weißer Traubenmost
- 2 kg Honig
- 4 ml flüssige Reinzuchthefe

Zubereitung

Den Honig mit dem Traubenmost verrühren, in einen Gärballon füllen, die Hefe hinzufügen und 21 Tage lang gären lassen. Danach in Flaschen umfüllen und kühl lagern.

Der von Columella beschriebene Herstellungsprozess geht von Traubenmost aus, der zusammen mit dem Honig vergoren wird. Columella erwähnt keine Hefe. Das Hinzufügen von Hefe ist jedoch sinnvoll, um den Gärprozess besser starten und kontrollieren zu können. Bei Columella wird das Endprodukt zur besseren Haltbarmachung noch geräuchert. Will man

Mulsum schneller herstellen, so empfiehlt es sich, aromatischen Weißwein mit Honig im Verhältnis 5 : 1 zu mischen. Vor dem Genuss sollte das Mulsum kühlgestellt werden.

Rosatum et violatium | Rosen- und Veilchenwein

(Apicius 1,4)

Vegetarisch (oder vegan)

Schwierigkeitsgrad: 🌿 🌿

Zubereitungszeit: 21 Tage

Zutaten für 1 l

- Für Rosenwein: ca. 120 frische Blütenblätter von Duftrosen
  für Veilchenwein: ca. 120 frische Blütenblätter von Veilchen
- 900 ml Weißwein oder Rotwein
- 100 g Honig (oder Defrutum)

Zubereitung

Ca. 40 Blütenblätter in einem Leinensäckchen in den Wein geben und diesen 7 Tage ruhen lassen, die Blütenblätter entfernen, neue hineingeben und wieder 7 Tage ruhen lassen. Diese Prozedur dreimal wiederholen. Danach den Wein filtern, den Honig dazugeben und gut verrühren. Vor dem Servieren evtl. noch einige Tage ruhen lassen.

Wichtig ist, den Wein während der Ruhezeiten gut zu verschließen.

Rosatum sine rosa | Rosenwein ohne Rosen

(Palladius 11,15; Apicius 1,4,2)

Vegetarisch (oder vegan)

Schwierigkeitsgrad:

Zubereitungszeit: 40 Tage

Zutaten für 10 l

- 9,5 l frisch gepresster Traubenmost
- ca. 100 Blätter des Zitronenbaums
- 500 g Honig (oder Defrutum)
- 4 ml flüssige Reinzuchthefe

Zubereitung

Die Blätter des Zitronenbaumes in den Gärballon mit dem Traubenmost geben, die Hefe hinzufügen und 40 Tage lang vergären lassen. Sobald der Wein fertig ist, den Honig hinzufügen.

Gemeint sind natürlich die – sehr schwer zu beschaffenden – Blätter des Zitronatzitronenbaums (Citrus medica L.). Diese lassen sich durch Blätter des Zitronenbaums (Citrus limon L.) oder die in der thailändischen Küche beliebten Kaffirlimettenblätter ersetzen.

Vinum roratum | Rosmarinwein (Columella 12,36)

Vegan

Schwierigkeitsgrad:

Zubereitungszeit: 7 Tage

Zutaten für 10 l

- 10 l frischer Traubenmost
- 200 g trockene Rosmarinzweige
- 4 ml flüssige Reinzuchthefe

Zubereitung

Den Most in einen Gärballon füllen, Rosmarinzweige und Hefe hinzufügen und 7 Tage lang gären lassen. Danach in Flaschen umfüllen. Nach zwei Monaten ist der Wein trinkfertig. Als Schnellrezept empfiehlt sich, einen lieblichen bis süßen Rotwein mit Rosmarinwasser zu mischen.

Dies ist eines der ganz seltenen Rezepte aus der Antike, in denen Rosmarin verwendet wurde, der normalerweise nicht als Gewürz diente.

De defruto, caroeno, sapa | Traubensirup

(Palladius 11,18)

Vegan

Schwierigkeitsgrad:

Zubereitungszeit: 3–4 Std.

Zutaten für 1 l

- für Defrutum: 5 l Traubensaft,
- für Caroenum: 1,5 l Traubensaft
- für Sapa: 3 l Traubensaft und optional 2 Quitten

Zubereitung

Den Traubensaft so lange einkochen, bis 1 l übrig geblieben ist. Bei der Herstellung von Sapa kann man Quitten mitkochen, um den Geschmack zu verbessern. (Sapa ist in Italien unter dem Namen Saba immer noch in Gebrauch.)

De passo | Trockenbeerenmost oder -wein

(Palladius 11,19)

Vegan
Schwierigkeitsgrad:
Zubereitungszeit: 3–4 Std.

Zutaten für 1 l

- ca. 15–20 kg Trockenbeeren (Weinbeeren, die etwa auf die Hälfte des normalen Gewichts eingetrocknet sind)

Zubereitung

Die Trockenbeeren zu Maische verarbeiten und auspressen. Den Saft in Flaschen füllen und kühl lagern.

Aus dem originalen Rezept von Palladius geht nicht hervor, dass der Trockenbeerenmost vergoren werden soll. Demnach handelt es sich um eine Art unvergorenen Trockenbeerenmost. Es darf bezweifelt werden, dass sich dieser Saft unter normalen Umständen länger hält, da er höchstwahrscheinlich anfängt zu gären. Die Produktionsmethode, die von Columella beschrieben wird (12,38), ist wesentlich komplexer. Dort soll man die Trauben in der Sonne trocknen, in frischem Most einweichen, um so einen besonders süßen Most zu erhalten, den man dann 20 Tage lang vergären lässt.

Als moderner Ersatz für das antike Passum eignet sich toskanischer Vin Santo oder Passito di Pantelleria, deren Herstellungsmethode der des antiken Passum sehr ähnelt. Auch andere Passito-Weine wie z. B. der Recioto di Valpolicella oder Trockenbeerenauslesen können durchaus verwendet werden. Bei Sherry und dem griechischen Mavrodaphne und vielen anderen Likörweinen handelt es sich hingegen um Weine, denen Alkohol zugesetzt wurde.

Posca | Soldatenlimonade

(Kein Originalrezept vorhanden)

Vegetarisch (oder vegan)
Schwierigkeitsgrad:
Zubereitungszeit: 10 Min.

Zutaten für 1 l

- 100 ml Weinessig
- 850 ml stilles Wasser
- 50 g Honig (oder Defrutum)

Zubereitung

Die Zutaten werden zusammengemischt. Die Posca ist gleich trinkfertig. Je nach Geschmack kann man sie stärker süßen oder mit Wasser verdünnen.

Paradoxerweise ist für den beliebtesten Softdrink der Antike kein Rezept überliefert. Das hier angegebene Rezept ist also ein unverbindlicher Vorschlag. Posca ähnelt dem Hauswein des Cato (Cato, De agri cultura 104).

De oleo roseo | Rosenöl (Palladius 6,15)

Vegetarisch (oder vegan)

Schwierigkeitsgrad: 🌿 🌿

Zubereitungszeit: 7 Tage ⏱

Zutaten für 1 l

- 1 kg Rosenblütenblätter oder 0,3 ml Rosenöl
- knapp 1 l Olivenöl
- 50 g Honig (oder Defrutum)

Zubereitung

Die Rosenblütenblätter und den Honig zum Olivenöl geben und sieben Tage lang in einem gut verschlossenen Gefäß an einem sonnigen Ort stehen lassen, danach kühl lagern.

Leichter als mit Rosenblütenblättern lässt sich das Rezept mit Rosenöl zubereiten. Rosenöl erhält man heute leicht im Online-Versandhandel, allerdings ist es eines der teuersten ätherischen Öle.

De rodomeli | Rosenhonig (Palladius 6,16)

Vegetarisch

Schwierigkeitsgrad:

Zubereitungszeit: 40 Tage

Zutaten für 1 l

- 600 ml Rosenwasser
- 400 g Honig

Zubereitung

Das Rosenwasser mit dem Honig mischen und in einem verschlossenen Gefäß 40 Tage lang an einem sonnigen Ort ruhen lassen.

Befolgt man das Originalrezept gewissenhaft, so wird die Mischung aus Honig und Rosenwasser mit hoher Wahrscheinlichkeit anfangen zu gären und ergibt eine Art Rosenmet. Es ist auf jeden Fall sinnvoll, dafür einen Gärballon zu verwenden. Beim Abfüllen in Flaschen sollte man auf Sektflaschen zurückgreifen.

De diamoro | Brombeerhonig (Palladius 10,16)

Vegetarisch

Schwierigkeitsgrad:

Zubereitungszeit: 120 Min.

Zutaten für 1 kg

- 1 l frisch gepresster Brombeersaft
- 500 g Honig

Zubereitung

Den Brombeersaft ca. 30 Min. lang im offenen Topf kochen lassen, den Honig hinzugeben und weitere 90 Min. lang auf mittlerer Flamme kochen, ohne den Topf zuzudecken, damit der Dampf entweichen kann. Danach noch heiß in Einmachgläser umfüllen, gut verschließen und kühl lagern.

Dieses Rezept erinnert sehr stark an Brombeergelee, das heute natürlich eher mit Gelierzucker als mit Honig zubereitet wird.

De embammate | Salatdressing (Columella 12,34)

Vegan

Schwierigkeitsgrad:

Zubereitungszeit: 3–4 Std.

Zutaten für 1 l

- knapp 4 l Traubensaft
- 150 ml scharfer Essig

Zubereitung

Den Traubensaft mit Essig mischen und auf ein Viertel einkochen.

Diese Sauce wurde von Apicius als Dressing für Endiviensalat verwendet. Von der Zusammensetzung her erinnert das römische Embamma ein wenig an Aceto Balsamico, denn auch dieser wird durch Zugabe von Traubenmost verfeinert und gesüßt. Das Embamma enthält jedoch wesentlich weniger Säure und ähnelt damit der inzwischen auch bei uns erhältlichen Crema di Balsamico.

De senapi | Senf (Palladius 8,9)

Vegetarisch (oder vegan)

Schwierigkeitsgrad:

Zubereitungszeit: 60 Min.

Zutaten für 1 kg

- 170 g Senfsaat
- 550 g Honig (oder Defrutum)
- 110 g Olivenöl
- 170 ml Weinessig

Zubereitung

Die Senfsaat staubfein mahlen, den Honig, das Olivenöl und den Essig hinzugeben und zu einer glatten Masse verrühren.

Dieses Rezept ergibt einen sehr süßen Senf.

Laseratum | Lasersauce (Apicius 1,30,1)

Mit Fisch (oder vegan)

Schwierigkeitsgrad:

Zubereitungszeit: 10 Min.

Zutaten für 100 ml

- 1 TL Asant (Pulver)
- 6 EL lauwarmes Wasser
- 2 EL Essig
- 2 EL Colatura di Alici (oder 1 TL Salz)

Zubereitung

Das Asantpulver mit dem Wasser anrühren. Langsam Essig und Colatura di Alici hinzufügen und gut verrühren. Vor der Verwendung einige Stunden an einem kühlen Ort ruhen lassen.

Cuminatum in ostrea et conchylia | Kümmelsauce für Austern und andere Muscheln (Apicius 1,29,2)

Mit Fisch

Schwierigkeitsgrad:

Zubereitungszeit: 10 Min.

Zutaten für 4 Portionen

- ½ TL Pfeffer
- 1 TL Liebstöckel
- 1 TL fein gehackte Petersilie
- 1 TL getrocknete Minze
- 1 EL Kumin (Kreuzkümmel), fein gemahlen
- 1 EL Honig (oder Defrutum)
- 1 EL Essig
- 1 TL Colatura di Alici (oder ¼ TL Salz)

Zubereitung

Die Gewürze im Mörser zerstoßen und langsam mit der Flüssigkeit (Honig, Essig und Colatura di Alici) anrühren.

Im Originalrezept steht nicht, ob die Sauce mit rohen oder gekochten Austern serviert werden soll. Da jedoch als Alternative auch andere Muscheln genannt werden, neige ich dazu anzunehmen, dass die Muscheln vorher in Salzwasser gekocht und anschließend mit der Sauce serviert werden sollen.

Oxygarum digestibilem | Essiggarum für die Verdauung (Apicius 1,34)

Mit Fisch (oder vegan)

Schwierigkeitsgrad:

Zubereitungszeit: 10 Min.

Zutaten für 4 Portionen

- 2 TL Pfeffer
- ½ TL Asant
- 1 TL Kardamom
- 1 TL Kumin (Kreuzkümmel)
- 2 Lorbeerblätter
- 1 TL getrocknete Minze
- 1 EL Honig (oder Defrutum)
- 4 EL Weißweinessig
- 2 EL Colatura di Alici (oder 1 TL Salz)

Zubereitung

Die Gewürze im Mörser zerstoßen, sieben und mit Honig anrühren. Vor Gebrauch Essig und Colatura di Alici dazugießen und gut umrühren.

Oxygarum wird von Martial als Salatdressing genannt. Das hier beschriebene Oxygarum kann man also zum Anrichten eines Kopfsalates oder z. B. von Fenchelsalat als Vorspeise verwenden. Genaue Mengenangaben sind im Originalrezept für die Gewürze enthalten. Wer möchte, kann außerdem ein wenig Olivenöl zum Salatdressing hinzufügen.

Ius frigidum Apicianum | Kalte Sauce nach Apicius (Apicius 6,8 und 8,7,6)

Mit Fisch (oder vegan)

Schwierigkeitsgrad:

Zubereitungszeit: 15 Min.

Zutaten für 4 Portionen

- 1 TL Pfeffer
- 1 EL Liebstöckel
- 1 EL Koriander
- einige Blätter frische Minze
- einige Blätter frische Weinraute
- 2 EL Colatura di Alici (oder 1 TL Salz)

Variante 1

- 3 EL Olivenöl

Variante 2

- 1 EL Honig (oder Defrutum)
- 2 EL süßer Weißwein (z. B. Vin Santo)

Zubereitung

Die Gewürze gründlich im Mörser zerstoßen und mit Colatura di Alici anrühren. Je nach gewünschter Geschmacksrichtung entweder mit Olivenöl oder mit Honig und Weißwein verfeinern.

Diese ungekochte Sauce wird im römischen Kochbuch zu gekochter Gans und gekochtem Spanferkel serviert.

Ut diu duret

Eingemachtes und Eingelegtes

In einer Zeit, in der es noch keine Kühlschränke und Gefriertruhen gab und in der man noch nicht jede erdenkliche Zutat im nächsten Supermarkt frisch oder tiefgefroren kaufen konnte, war das Wissen um die Grundtechniken der Haltbarmachung von Lebensmitteln essentiell. Daher enthielt fast jedes Koch- und Landwirtschaftslehrbuch auch Anweisungen zur Verarbeitung von Lebensmitteln mit dem Ziel, sie lange lagern zu können. Es lohnt sich, das eine oder andere Rezept auszuprobieren.

Epityrum album, nigrum variumque sic facito | Eingelegte Oliven (Cato, De agri cultura 119)

Vegan

Schwierigkeitsgrad: ❦ ❦

Zubereitungszeit: ca. 30 Min.

Zutaten für 4 Portionen

- 250 g frische schwarze oder grüne Oliven
- 200 ml Olivenöl
- 2 EL Essig
- 1 TL Koriander
- 1 TL Kumin (Kreuzkümmel)
- einige frische Fenchelblätter
- einige Blätter frische Weinraute
- einige Blätter frische Minze

Zubereitung

Die Oliven entkernen, kleinschneiden und in ein entsprechend großes Einmachglas füllen. Die übrigen Zutaten im Mörser zerstoßen, mit Öl und Essig anrühren, über die Oliven geben und gut vermischen.

Olivae columbades | Eingelegte Oliven

(Palladius 12,22,1)

Vegetarisch (oder vegan)

Schwierigkeitsgrad:

Zubereitungszeit: ca. 3 Tage

Zutaten für 4 Portionen

- 250 g Oliven
- ca. 2–3 EL frische Blätter Poleiminze (oder andere Minze)
- 100 g Honig (oder Defrutum)
- 4 EL Essig
- 1 TL Salz

Zubereitung

Die Oliven in einem Einmachglas aufschichten. Honig, Essig und Salz zusammenrühren. Auf jede Schicht Oliven je 1 EL Minze streuen und sie vorsichtig mit der Flüssigkeit auffüllen. Wenn das Einmachglas voll ist, gut verschließen und vor dem Verzehr mindestens 2–3 Tage kühl lagern.

Da nach Palladius der Inhalt des Einmachglases nicht erhitzt wird, ist von einer längeren Lagerung eher abzusehen.

Nigrarum olivarum compositio | Schwarze Oliven (Columella 12,50,2)

Vegan

Schwierigkeitsgrad:

Zubereitungszeit: 40 Tage

Zutaten für 4 Portionen

- 200 g schwarze Oliven
- 50 g Salz
- 150 ml Defrutum
- 5 EL Essig
- evtl. trockene Fenchelzweige

Zubereitung

Die Oliven schichtweise in ein Einmachglas geben, jede Schicht mit Salz bedecken, verschließen und 40 Tage lang kühl lagern. Nach den 40 Tagen das Salz vollständig entfernen (es darf kein Salz an den Oliven haften bleiben), die Oliven zurück in das Einmachglas geben und mit dem Gemisch aus Defrutum und Essig übergießen. Evtl. mit trockenen Fenchelzweigen bedecken, gut verschließen und kühl lagern.

Dieses Rezept ist insofern bemerkenswert, als auch hier eine Art Aceto Balsamico, also ein Gemisch aus Essig und eingedicktem Traubensaft, verwendet wird.

Uvae ut diu serventur | Damit sich Trauben lange halten (Apicius 1,17)

Vegan

Schwierigkeitsgrad:

Zubereitungszeit: ca. 15 Min.

Zutaten für 4 Portionen

- 500 g möglichst unverletzte Weintrauben
- 1,5 l Regenwasser (oder Leitungswasser)

Zubereitung

Das Regenwasser auf ein Drittel einkochen, noch heiß in ein ausreichend großes Einmachglas gießen und die Trauben hineingeben, das Glas gut verschließen und kühl lagern.

Damit das Rezept funktioniert, muss das Wasser noch kochend heiß sein, wenn es ins Einmachglas gegossen wird. Über das Wasser sagt Apicius, man könne es später Kranken statt Honigwasser zu trinken geben.

Ut mala Cydonia diu serventur | Damit sich Quitten lange halten (Apicius 1,19)

Vegetarisch

Schwierigkeitsgrad: 🌿🌿

Zubereitungszeit: ca. 10 Min.

Zutaten für 4 Portionen

- 500 g ganze Quitten mit Zweig
- 250 g Honig
- 250 ml Defrutum

Zubereitung

Quitten mit Zweig vom Baum pflücken, in ein großes Einmachglas geben, mit Honig und Defrutum übergießen und kühl lagern.

Mora ut diu durent | Damit sich Maulbeeren lange halten (Apicius 1,22)

Vegan

Schwierigkeitsgrad: 🙞 🙞

Zubereitungszeit: ca. 20 Min.

Zutaten für 4 Portionen

- 1,5 kg Maulbeeren (alternativ: Brombeeren)
- 500 ml Sapa

Zubereitung

Etwa aus der Hälfte der Maulbeeren Saft pressen. Den Maulbeersaft mit Sapa mischen, die übrigen Maulbeeren in ein ausreichend großes Einmachglas geben, mit dem Gemisch aus Maulbeersaft und Sapa übergießen und kühl lagern.

Statt auf Maulbeeren, die nicht immer leicht zu beschaffen sind, kann man dieses Rezept auch auf Brombeeren anwenden.

Rapae ut diu serventur | Damit sich Rüben lange halten (Apicius 1,24,2)

Vegetarisch (oder vegan)

Schwierigkeitsgrad: 🙞 🙞

Zubereitungszeit: ca. 20 Min.

Zutaten für 4 Portionen

- 500 g Speiserüben
- 1 EL Senfkörner
- 1 TL Salz
- 200 g Honig (oder Defrutum)
- 200 ml Essig

Zubereitung

Die Rüben gründlich reinigen, in ein Einmachglas geben und mit dem Gemisch aus den übrigen Zutaten übergießen.

Solche Rezepte dienten im alten Rom dazu, ungekochte Zutaten so lange wie möglich frisch zu halten, um sie zu einem späteren Zeitpunkt wie frisches Gemüse zubereiten zu können. Da die Zutaten dabei nicht sterilisiert werden, sollte man sie kühl und nicht zu lange lagern.

Gustationes

Vorspeisen

Gustum de cucurbitas | Vorspeise aus Kürbissen (Apicius 3,4,1)

Mit Fisch (oder vegan)

Schwierigkeitsgrad:

Zubereitungszeit: 30 Min.

Zutaten für 4 Portionen

- 1 Flaschenkürbis (ca. 800 g)

Für die Sauce

- ½ TL Pfeffer
- 1 TL Kumin (Kreuzkümmel)
- ½ TL Asantpulver
- einige Blätter frische Weinraute
- 1 EL Essig
- 2 EL Colatura di Alici (oder ½ TL Salz und 2 EL Wein)
- 2 EL Defrutum
- etwas gemahlener Pfeffer zum Bestreuen

Zubereitung

Den Kürbis schälen, in mundgerechte Stücke zerteilen und ca. 10 Min. in Salzwasser kochen. Die Weinrautenblätter fein hacken und mit den übrigen Gewürzen, Colatura di Alici, Essig und Defrutum zu einer Sauce anrühren. Sobald die Kürbisstücke gekocht sind, das Wasser abgießen, die Kürbisstücke vorsichtig in einem Tuch auspressen und in eine Pfanne geben, die Sauce darübergießen und dreimal aufkochen lassen. Vom Herd nehmen, mit Pfeffer bestreuen und servieren.

Patina de cucurbitas | Kürbispfanne

(Apicius 3,4,6 und 4,2,10)

Mit Fisch (oder vegan)

Schwierigkeitsgrad:

Zubereitungszeit: 40 Min.

Zutaten für 4 Portionen

- 1 Flaschenkürbis (ca. 800 g)
- 4 EL Olivenöl

Für die Kümmelsauce

- ½ TL Pfeffer
- 1 TL Liebstöckel
- 1 TL fein gehackte Petersilie
- 1 TL getrocknete Minze
- 1 EL Kumin (Kreuzkümmel), fein gemahlen
- 1 EL Honig (oder Defrutum)
- 1 EL Essig
- 1 TL Colatura di Alici (oder ¼ TL Salz)
- 5 EL Weißwein

Alternative:

- 3 EL Kümmelsauce (S. 51) mit 5 EL Weißwein

Zubereitung

Den Kürbis schälen, würfeln und in Salzwasser garkochen, so dass er noch bissfest ist (ca. 10 Min.). 2 EL Olivenöl in die Pfanne träufeln und heiß werden lassen, die Kürbisstücke hineingeben und kurz anschmoren, mit Kümmelsauce löschen, das restliche Olivenöl darüberträufeln und aufkochen lassen, vom Herd nehmen und servieren.

Dieses Rezept taucht gleich zweimal an verschiedenen Stellen des römischen Kochbuchs in praktisch identischem Wortlaut auf, einmal beim Gemüse und ein zweites Mal bei den Pfannengerichten bzw. Aufläufen.

Herbae rusticae | Kräutersalat (Apicius 3,16)

Mit Fisch (oder vegan)

Schwierigkeitsgrad:

Zubereitungszeit: 10 Min.

Zutaten für 4 Portionen

- verschiedene Arten von Kräutern und Salatblättern (z. B. Rucola, Feldsalat etc.)
- 1 EL Colatura di Alici (oder ½ TL Salz und 1 EL Wein)
- 3 EL Olivenöl
- 2 EL Essig

Zubereitung

Die Kräuter in eine Schüssel geben, Colatura di Alici, Olivenöl und Essig darüberträufeln und servieren.

Bei diesem Rezept handelt es sich um nichts anderes als um einen römischen Kräutersalat. Auch das Dressing wirkt wie ein klassisches Salatdressing, bis auf die Colatura di Alici, die an Stelle von Salz verwendet wird. Salate dieser Art wurden bei den Römern als Vorspeise serviert.

Gustum de praecoquis | Vorspeise aus Aprikosen (Apicius 4,5,4)

Mit Fisch (oder vegan)

Schwierigkeitsgrad:

Zubereitungszeit: 25 Min.

Zutaten für 4 Portionen

- 1 kg Aprikosen oder Nektarinen
- 200 ml Weißwein
- 250 ml Passum
- 1 EL getrocknete Minze
- ½ TL gemahlener Pfeffer
- 1 TL Colatura di Alici (oder eine Prise Salz)
- 1 EL Essig
- 1 EL Honig (oder Defrutum)
- 1 EL Olivenöl
- 1 EL Speisestärke

Zubereitung

Die Aprikosen halbieren, entsteinen und in kaltes Wasser geben. Wein, Passum, Minze, Pfeffer, Colatura di Alici, Essig und Honig zu einer Sauce anrühren. Die Aprikosenhälften mit der glatten Seite nach unten in eine ausreichend große Pfanne legen, mit der Sauce übergießen, das Olivenöl darüberträufeln, kurz aufkochen und auf kleiner Flamme 10 Min. köcheln lassen. Etwas Sauce mit der Speisestärke anrühren und damit die Sauce binden, vom Feuer nehmen, mit etwas gemahlenem Pfeffer bestreuen und servieren.

Dies ist eine sehr empfehlenswerte (und auch im Titel als solche gekennzeichnete) Vorspeise, die leicht zuzubereiten ist und praktisch immer gelingt.

Hypotrimma | Kräuterkäse (Apicius 1,33)

Mit Fisch (oder vegetarisch)

Schwierigkeitsgrad:

Zubereitungszeit: 20 Min.

Zutaten für 4 Portionen

- 200 g milder Schafs- oder Ziegenfrischkäse
- 25 g Pinienkerne
- 25 g Rosinen
- 4 entkernte Datteln
- ½ TL grob gemahlener Pfeffer
- ½ TL Liebstöckel (gemahlen)
- ½ TL getrocknete Minze (gemahlen)
- 1 EL Honig
- 1 EL Essig
- 1 TL Colatura di Alici (oder ½ TL Salz)
- 1 EL Olivenöl
- 1 EL Weißwein (z. B. trockener Marsala)
- 1 EL Defrutum

Zubereitung

Den Käse gründlich zerstampfen und mit den Gewürzen – außer Pinienkernen, Rosinen und Datteln – vermengen. Die Datteln in kleine Stückchen schneiden und mit den Pinienkernen und Rosinen zum Käse mischen.

Patina urticarum calida et frigida | Warmes und kaltes Brennnesselsoufflé

(Apicius 4,2,36)

Mit Fisch (oder vegetarisch)

Schwierigkeitsgrad:

Zubereitungszeit: 60 Min.

Zutaten für 4 Portionen

- ca. 50 frische Brennnesselblätter
- 6 Eier
- 1 EL schwarzer oder grüner Pfeffer (ganze Körner)
- 100 ml Olivenöl
- 6 EL mit Weißwein verdünnte Colatura di Alici (oder 1½ TL Salz mit 6 EL Weißwein)
- ½ TL gemahlener schwarzer Pfeffer zum Bestreuen

Zubereitung

Die Brennnesselblätter waschen, abtropfen lassen, trocknen, hacken und in einen Topf geben. Den Pfeffer mit etwas Colatura di Alici im Mörser zerstoßen und zu den Brennnesseln geben. Colatura di Alici und Olivenöl hinzufügen und kurz aufkochen lassen. Die Mischung ca. 10 Min. auf kleiner Flamme kochen lassen. Die Eier aufschlagen, mit der Masse verrühren und alles in eine ofenfeste Kasserolle geben. Bei ca. 180°C im Backofen ca. 30 Min. lang backen, herausnehmen, mit Pfeffer bestreuen und servieren.

Dies ist eines der wenigen Rezepte, in denen wir sehr detaillierte Mengenangaben finden. Die Relationen entsprechen dem antiken Original – lediglich zur Menge an Brennnesselblättern steht nichts im Originalrezept.

Ova frixa | Spiegeleier mit Oenogarum

(Apicius 7,19,1)

Mit Fisch (oder vegetarisch)

Schwierigkeitsgrad:

Zubereitungszeit: 20 Min.

Zutaten für 4 Portionen

- 4 Eier
- 2 EL Olivenöl

Für das Oenogarum

- 3 EL Wein (z. B. trockener Marsala)
- 1 EL Colatura di Alici (oder ½ TL Salz)
- 1 TL Honig
- ½ TL Liebstöckel (gemahlen)
- ½ TL Koriander (gemahlen)

Zubereitung

Das Olivenöl in eine ausreichend große Pfanne geben und die Eier darin braten. Inzwischen das Oenogarum mischen. Wenn die Eier fertig sind, in Portionen zerteilen, das Oenogarum darüberträufeln und servieren.

Ova elixa | Hartgekochte Eier (Apicius 7,19,2)

Mit Fisch (oder vegetarisch)

Schwierigkeitsgrad:

Zubereitungszeit: 20 Min.

Zutaten für 4 Portionen

- 4 hartgekochte Eier (ca. 6–7 Min.)
- 1 EL Colatura di Alici (oder ½ TL Salz)

Variante 1

- 1 EL Olivenöl
- 1 EL Marsala

Variante 2

- ½ TL Pfeffer
- ½ TL Asant

Zubereitung

Olivenöl und Marsala bzw. Pfeffer und Asant mit der Colatura di Alici anrühren, die gekochten Eier halbieren oder vierteln, mit der Sauce beträufeln und servieren.

In ovis apalis | Weichgekochte Eier (Apicius 7,19,3)

Mit Fisch (oder vegetarisch)

Schwierigkeitsgrad: 🌿 🌿

Zubereitungszeit: 20 Min.

Zutaten für 4 Portionen

- 6 Eier
- 50 g Pinienkerne
- 2 EL Weißwein (z. B. trockener Marsala)
- 1 EL Honig
- 1 EL Essig
- ½ TL gemahlener Pfeffer
- 1 TL Liebstöckel
- 1 EL Colatura di Alici (oder ½ TL Salz)

Zubereitung

Die Pinienkerne ca. 1 Std. in Weißwein einweichen. Die Eier so kochen, dass sie nicht zu hart werden (à la coque, also ca. 4 Min.). Die übrigen Zutaten mit den zuvor eingeweichten und zerstampften Pinienkernen zusammenrühren und durch ein Sieb drücken. Die gekochten Eier schälen, halbieren, mit der Sauce übergießen und servieren.

Patina Lucretiana | Lucretiuspfanne

(Apicius 4,2,25)

Mit Fisch

Schwierigkeitsgrad:

Zubereitungszeit: 50 Min.

Zutaten für 4 Portionen

- 750 g Salzfisch (z. B. eingesalzener Kabeljau)
- ca. 200 g frische Schnittlauchzwiebeln
- 1 EL Colatura di Alici
- 2 EL Olivenöl
- 100 ml Wasser
- 1 EL Honig
- 1 EL Defrutum
- 1 TL Essig
- 1 Handvoll frisches Bohnenkraut bzw. 3 EL getrocknetes gerebeltes Bohnenkraut

Zubereitung

Den Salzfisch über Nacht wässern. Am nächsten Tag die Schnittlauchzwiebeln vorbereiten, indem man den Schnittlauch ganz ausgräbt, von der Erde reinigt, wäscht und den grünen Teil der Stengel abschneidet. Die Schnittlauchzwiebeln mit Colatura di Alici, Olivenöl und Wasser in eine Pfanne geben und aufkochen lassen. Den gewässerten Fisch nach ca. 5 Min. in die Pfanne legen und zusammen ca. 20 Min. auf kleiner Flamme kochen lassen. Honig, Essig und

Defrutum hinzufügen. Abschmecken. Wenn es zu salzig ist, etwas Honig hinzufügen, wenn zu fad, etwas Colatura di Alici. Das Bohnenkraut hacken und darüberstreuen. Damit zusammen noch ca. 5 Min. ziehen lassen und servieren.

Hier wird mit dem Schnittlauch nicht besonders sparsam umgegangen, aber Apicius war nicht bekannt für besondere Sparsamkeit, sondern eher für seine kulinarische Kompromisslosigkeit. Für Schnittlauch gibt es in der römischen Küche, jedenfalls in den überlieferten Rezepten, praktisch keine weitere Verwendung. Es empfiehlt sich, den abgeschnittenen Lauch einzufrieren, um ihn für moderne Rezepte aufzubewahren.

Patina de pisciculis | Fischpfanne (Apicius 4,2,30)

Mit Fisch

Schwierigkeitsgrad:

Zubereitungszeit: 40 Min.

Zutaten für 4 Portionen

- 750 g Filet von kleinen Fischen oder ganze Fischchen (z. B. Sardellen)
- 150 g Rosinen
- ½ TL gemahlener Pfeffer
- 1 EL Liebstöckel
- 1 EL Oregano
- 2 kleine gewürfelte Zwiebeln
- 200 ml Weißwein
- 5 EL Colatura di Alici (oder ½ TL Salz)
- 2 EL Olivenöl
- 1 EL Speisestärke

Zubereitung

Die Fische in Salzwasser garkochen (ca. 20 Min.). In der Zwischenzeit alle Zutaten außer den Fischen und der Speisestärke in eine Pfanne geben, kurz aufkochen und 10 Min. auf kleiner Flamme ziehen lassen. Die Fische, sobald sie gar sind, zu der Sauce in die Pfanne geben, noch etwa 5 Min. ziehen lassen, die Sauce mit Speisestärke binden und servieren.

In mitulis | Miesmuscheln (Apicius 9,9)

Mit Fisch und Meeresfrüchten

Schwierigkeitsgrad: ❦ ❦

Zubereitungszeit: 40 Min.

Zutaten für 4 Portionen

- 1 kg frische Miesmuscheln (die Miesmuscheln werden gewässert, geputzt und im fertigen Sud gekocht)

Für den Sud

- 5 EL Colatura di Alici
- 1 kleingeschnittene Lauchstange
- 1 EL Kumin (Kreuzkümmel)
- 200 ml Passum
- 1 EL gehacktes Bohnenkraut
- 500 ml Weißwein
- ca. 500 ml Wasser

Zubereitung

Die Zutaten (außer den Miesmuscheln) in einem Topf mischen und aufkochen lassen. Den Sud ca. 10 Min. lang kochen lassen, die vorbereiteten Miesmuscheln dazugeben, weitere 10 Min. auf kleiner Flamme kochen lassen und servieren.

Locustam et scillas | Langusten und Riesengarnelen (Apicius Exc. 17)

Mit Fisch und Meeresfrüchten

Schwierigkeitsgrad:

Zubereitungszeit: 30 Min.

Zutaten für 4 Portionen

- 500 g kochfertig vorbereitete Langustenschwänze oder Riesengarnelen
- 1 EL grüner Pfeffer (ganze Körner)
- 1 EL gerebelter Liebstöckel
- 1 TL gemahlener Selleriesamen
- 2–3 EL Essig
- 1 EL Colatura di Alici
- 4–5 hartgekochte Eidotter

Zubereitung

Die Langustenschwänze oder Riesengarnelen in leicht gesalzenem Wasser garkochen (ca. 20 Min.). In der Zwischenzeit die übrigen Zutaten in einen Topf geben, gut verrühren, die Eidotter zerdrücken und das Ganze kurz aufkochen lassen, evtl. mit etwas Wasser verdünnen. Die Sauce einige Minuten ziehen lassen und die Langustenschwänze bzw. Riesengarnelen damit übergießen.

Mit Fleisch

Gustum de holeribus | Vorspeise aus Gemüse

(Apicius 4,5,2)

Mit Geflügel, Schwein, Fisch

Schwierigkeitsgrad:

Zubereitungszeit: 50 Min.

Zutaten für 4 Portionen

- 2 Gemüsezwiebeln (ca. 800–1000 g)
- 2 EL Colatura di Alici
- 2 EL Olivenöl
- 100 ml Weißwein (z. B. trockener Marsala)
- 100 g Hühnerleber
- 100 g Schweineleber
- ein kleines Spanferkeleisbein ohne Knochen (ca. 200 g)
- 2 Hähnchenschenkel ohne Knochen
- 1 TL Pfeffer
- 1 EL Liebstöckel
- 200 ml Passum
- 1 EL Speisestärke

Zubereitung

Die Zwiebeln schälen und in Ringe schneiden. Die Zwiebelringe kurz in Olivenöl anschmoren, mit Weißwein ablöschen, Colatura di Alici hinzufügen und ca. 5 Min. köcheln lassen. Das Fleisch schnetzeln, zu den Zwiebeln geben und im geschlossenen Topf ca. 20 Min. lang auf kleiner Flamme kochen lassen. Währenddessen die Sauce mit Pfeffer, Liebstöckel, 1 EL Colatura di Alici, Passum und etwas Brühe vom Fleisch anrühren und zum Fleisch und zu den Zwiebeln gießen. Im offenen Topf noch ca. 10 Min. kochen lassen. Die verbliebene Flüssigkeit mit Speisestärke binden und servieren.

Obwohl im Titel noch so getan wird, als handle es sich um eine bescheidene Gemüsekreation, fällt diese Vorspeise reichlich üppig aus. Allerdings schien das üppige Speisen beim römischen Geldadel durchaus nicht unüblich gewesen zu sein. Wir können aber davon ausgehen, dass sich auch für das, was davon übrig blieb, dankbare Abnehmer im Haus des Gastgebers fanden.

Omentata isicia | Leberknödel in Wursthaut

(Apicius 2,1,7)

Mit Schwein, Fisch

Schwierigkeitsgrad: 🌿🌿🌿🌿

Zubereitungszeit: 40 Min.

Zutaten für 4 Portionen

- 600 g Schweineleber
- Wursthaut (Schweinedarm)
- 1 TL gemahlener Pfeffer
- einige Blätter frische Weinraute
- 2 EL Colatura di Alici
- ca. 12 frische Lorbeerblätter

Zubereitung

Die Leber so grillen, dass sie nicht zu hart wird, dann kleinschneiden, Adern und andere harte Stellen entfernen und zusammen mit Pfeffer, Weinraute und Colatura di Alici durch den Fleischwolf drehen. Mit dieser Mischung eine Wursthaut so stopfen, dass in jeden Abschnitt zusätzlich ein Lorbeerblatt hineingegeben werden kann. Diese Würstchen über Buchenholz räuchern und vor dem Verspeisen erneut grillen.

Cochleas | Weinbergschnecken (Apicius 7,18,2)

Mit Schnecken, Fisch

Schwierigkeitsgrad:

Zubereitungszeit: 20 Min.

Zutaten für 4 Portionen

- 24 Weinbergschnecken aus der Dose
- 24 Schneckenhäuschen
- ½ TL Salz
- 2 EL Olivenöl

Für die Sauce

- ½ TL Asant
- 1 EL Colatura di Alici
- 1 TL gemahlener Pfeffer
- 2 EL Olivenöl

Zubereitung

Die Schnecken ohne Haus auf Spießen oder in einer Grillpfanne grillen; dabei häufig mit Salz bestreuen und mit Olivenöl beträufeln. Zwischendurch die Sauce aus den übrigen Zutaten vorbereiten. Sobald die Schnecken fertiggegrillt sind, auf die Schneckenhäuschen verteilen, die Sauce mit einem Löffel darübergeben und servieren.

Schnecken waren damals und sind auch heute noch als Vorspeise beliebt. Hier haben uns die Römer ein recht einfaches Rezept hinterlassen, das mit Weinbergschnecken aus der Dose zubereitet werden kann und keine lebendigen Schnecken erfordert. In anderen Rezepten, die im römischen Kochbuch festgehalten sind, sollen die Schnecken zunächst einige Tage gemästet und dann gebraten oder gekocht werden.

Mensae primae

Haupt-speisen

Tisanam farricam | Minestrone (Apicius 4,4,2)

Mit Fisch (oder vegan)

Schwierigkeitsgrad:

Zubereitungszeit: 150 Min.

Zutaten für 4 Portionen

- 100 g Kichererbsen
- 100 g Linsen
- 100 g getrocknete Erbsen
- 200 g Gerstengraupen
- 100 g Wirsingkohl
- 100 g Rosenkohl
- 1 EL Natron
- 100 ml Olivenöl
- 2 Stangen Lauch
- einige Blätter frischer Koriander
- 1 EL frische Dillspitzen
- 2 Knollen Rote Beten
- ein kleines Bündel frische Fenchelblätter
- einige frische kleingeschnittene Malvenblätter (oder 1 EL getrocknete)
- 1 EL gemahlene Fenchelsamen
- 1 EL Oregano
- ½ TL Asant
- 1 EL Liebstöckel
- 3 EL Colatura di Alici (oder 1½ TL Salz)
- 50 g Weißkohl

Zubereitung

Die Kichererbsen, Linsen und Erbsen über Nacht (ca. 12 Std.) einweichen. Am nächsten Tag das Einweichwasser weggießen und zuerst die Kichererbsen und Erbsen in einem Topf mit reichlich Wasser zum Kochen bringen, nach etwa 60 Min. die Linsen und Graupen hinzufügen und weitere etwa 40 Min. im geschlossenen Topf auf mittlerer Flamme kochen lassen; dabei regelmäßig umrühren und darauf achten, dass immer genügend Wasser im Topf ist.

Inzwischen den Wirsing- und Rosenkohl in einem anderen Topf mit Natron in Wasser 20 Min. lang kochen, das Wasser abgießen und den Kohl beiseitestellen.

Die ungeschälten Roten Beten ca. 45 Min. lang in Wasser garkochen, herausnehmen und schälen.

Dann Lauch, Koriander, Fenchel, Rote Bete, Malvenblätter und den gekochten Kohl kleinschneiden und in den Topf mit den Graupen geben. Öl hineingießen, mit gemahlenem Fenchelsamen, Oregano, Asant und Liebstöckel würzen und noch 20 Min. auf mittlerer Flamme weiterkochen lassen. Dabei Wasser nur noch zufügen, wenn keine Flüssigkeit mehr im Topf ist.

Während es kocht, den Weißkohl kleinschneiden.

Wenn alles gar ist, Colatura di Alici hinzufügen, gut umrühren, alles in eine Servierschüssel umfüllen, mit dem geschnittenen Weißkohl garnieren und servieren.

Aliter vice salsi | Statt Salzfisch (Apicius 9,13,2)

Mit Fisch (oder vegan)

Schwierigkeitsgrad:

Zubereitungszeit: 40 Min.

Zutaten für 4 Portionen

- 800 g geschälte Walnüsse
- 1 EL Kumin (Kreuzkümmel)
- ½ TL Pfeffer
- 2 EL Olivenöl
- 3 EL Colatura di Alici (oder 1½ TL Salz)
- 100 ml Passum oder Caroenum

Zubereitung

Die geschälten Walnüsse mit Pfeffer, Kumin und Colatura di Alici zerstoßen oder pürieren und langsam Passum oder Caroenum dazugießen. Die Masse in einen kleinen Fischbräter oder eine entsprechende Schüssel geben, in die Form eines Fisches bringen (evtl. mit einem Pfefferkorn als Auge), Olivenöl darüberträufeln und servieren.

In der Antike und auch im Mittelalter waren Gerichte, die vorgaben, etwas anderes zu sein, als sie waren, nicht unüblich. Im römischen Kochbuch findet man mehrere solche Rezepte. So wird in diesem Gericht Fisch durch Walnüsse ersetzt. Ob dieser Ersatz nicht nur optisch, sondern auch geschmacklich passend ist, möge jeder für sich entscheiden.

Botellum sic facies | Eierwürstchen (Apicius 2,3,2)

Mit Schwein, Fisch

Schwierigkeitsgrad:

Zubereitungszeit: 60 Min.

Zutaten für 4 Portionen

- 40 hartgekochte Eidotter
- 200 g Pinienkerne
- 1 Zwiebel
- 1 Stange Lauch
- 1 TL Weihrauchharz
- 1 TL gemahlener Pfeffer
- 3 EL Colatura di Alici
- Wursthaut (Schweinedarm)

Für den Sud zum Brühen der Würste:

- ½ l Weißwein
- 2 EL Colatura di Alici

Zubereitung

Die Zwiebel und den Lauch feinhacken, mit den Eidottern, den Pinienkernen und den übrigen Zutaten vermischen und mehrmals im Fleischwolf auf feinster Stufe mahlen, in die Wursthaut füllen und in Wein ca. 30 Min. lang brühen.

Ein interessantes römisches Beispiel für eine fleischlose Wurst, bei der der Hauptbestandteil hartgekochte Eidotter sind.

Mit Fisch

Minutal marinum | Fischfrikassee (Apicius 4,3,1)

Mit Fisch

Schwierigkeitsgrad: 🌿 🌿 🌿

Zubereitungszeit: 40 Min.

Zutaten für 4 Portionen

- 800 g kleine Fische wie Sardinen, Sardellen oder Sprotten oder festes Fischfilet (z. B. Goldbrasse oder Seelachs)
- 250 ml Weißwein (lieblich, z. B. eine Spätlese)
- 100 ml Olivenöl
- 2 EL Colatura di Alici (oder 1 TL Salz)
- 250 ml Fischfond
- 3–4 Lauchzwiebeln (Frühlingszwiebeln)
- einige Blätter frischer Koriander
- 1 TL Pfeffer
- 1 EL Liebstöckel
- 1 EL Oregano
- etwas mit Wasser angerührtes Mehl zum Eindicken

Zubereitung

Die Fische vorbereiten (putzen, evtl. entgräten), dann mit Wein, Öl, Colatura di Alici und Fischfond in einen Topf geben und kurz aufkochen lassen. Danach bei schwacher Hitze ca. 15 Min. weiterkochen. Die Fische bzw. Filets herausnehmen, in mundgerechte Stücke zerteilen, die Lauchzwiebeln putzen und kleinschneiden, den Koriander hacken, die übrigen Gewürze hinzufügen und alles zusammen weitere ca. 10–15 Min. lang auf kleiner Flamme weiterkochen lassen. Zum Abschluss den Fond mit Mehl binden.

Im Originalrezept werden frische Quallen hinzugefügt. Diese sind allerdings so schwer zu bekommen, wenn man nicht direkt am Meer wohnt, dass man von ihrer Verwendung besser absehen sollte. Aber das Gericht schmeckt auch ohne Quallen gut.

Zum Binden von Saucen und Fonds haben die Römer oft einen als »Tracta« bezeichneten Teig verwendet, der aus mit

Wasser angerührtem Mehl bestand, das mehr oder weniger getrocknet wurde, so dass man es in die zu bindende Flüssigkeit hineinbröckeln konnte. Damit der Teig nicht klumpt, muss man ein wenig üben, aber man kann auch Speisestärke verwenden wie in der modernen Küche.

Pisum Indicum | Erbsen auf indische Art

(Apicius 5,3,3)

Mit Fisch und Meeresfrüchten

Schwierigkeitsgrad: ❦ ❦ ❦

Zubereitungszeit: 40 Min.

Zutaten für 4 Portionen

- 500 g Erbsen
- ca. 500 g ausgenommene kleine Tintenfische (Sepia)
- 2 EL Tintenfischtinte (Nero di Seppia)
- 1 Stange Lauch
- einige Blätter frischer Koriander
- 100 ml Olivenöl
- 3 EL Colatura di Alici
- 200 ml Weißwein
- ½ TL gemahlener Pfeffer
- 1 EL Liebstöckel (gemahlen)
- 1 EL Oregano (gerebelt)
- ½ TL gemahlener Kümmel (Wiesenkümmel)
- 100 ml Passum
- ein wenig gemahlener Pfeffer zum Bestreuen

Zubereitung

Die Tintenfische unter Wasser spülen, Lauch und Koriander kleinschneiden und alles zusammen mit der Tintenfischtinte, Öl, Colatura di Alici und Wein in einen Topf geben und aufkochen lassen. Auf mittlerer Flamme ca. 15 Min. lang kochen, um die Flüssigkeit etwas zu reduzieren. Sobald die Tintenfische kochen, die Erbsen in ungesalzenem Wasser in einem anderen Topf aufsetzen und aufkochen lassen. Danach ca. 5 Min. lang kochen lassen. Die gekochten Tintenfische aus dem Sud nehmen und kleinschneiden, Pfeffer, Liebstöckel, Oregano und Kümmel, mit etwas Sud von den Erbsen angerührt, zu den Tintenfischen geben, die man mit den Gewürzen noch etwa 5 Min. ziehen lässt. Das Wasser der Erbsen abgießen, die Tintenfische unter die Erbsen rühren und mit ihnen zusammen noch weitere 5 Min. unter vorsichtigem, aber ständigem Rühren auf kleiner Flamme ziehen lassen. Auf Teller verteilen, mit etwas gemahlenem Pfeffer bestreuen und servieren.

Es gibt in der italienischen Region Lazio heute noch ein ganz ähnliches Gericht, nämlich »Seppie in umido con piselli«, ebenfalls mit Sepia und Erbsen, aber ohne Tintenfischtinte.

Patina solearum | Eine Art Schollenauflauf bzw. Omelett mit Schollenfilets (Apicius 4,2,28)

Mit Fisch

Schwierigkeitsgrad:

Zubereitungszeit: 40 Min.

Zutaten für 4 Portionen

- 4 Schollenfilets zu je ca. 100 g
- 2 EL Olivenöl
- 2 EL Colatura di Alici
- 4 EL Weißwein
- 1 TL Pfeffer
- 1 EL Liebstöckel
- 1 EL Oregano
- 4 Eier

Zubereitung

Die Eier mit Pfeffer, Liebstöckel und Oregano verrühren. Die Schollenfilets mit Olivenöl, Colatura di Alici und Weißwein in eine Pfanne geben und bei mittlerer Hitze ca. 10–15 Min. kochen lassen, bis fast keine Flüssigkeit mehr in der Pfanne vorhanden ist. Dann die angerührten Eier hinzugeben und auf ganz kleiner Flamme so lange ziehen lassen, bis das Ei stockt.

Pisces frixos | Gebratener Fisch (Apicius Exc. 8)

Mit Fisch

Schwierigkeitsgrad:

Zubereitungszeit: 30 Min.

Zutaten für 4 Portionen

- 750 g Fischfilet (z. B. Scholle, Seelachs o. Ä.)
- etwas Olivenöl zum Braten

Für die Sauce

- ½ TL Pfeffer
- 1 EL Koriandersamen (gemahlen)
- ½ TL Asant
- einige frische Oregano- und Weintraubenblätter
- 6–8 entsteinte und kleingeschnittene Datteln
- 1 EL Essig (Aceto Balsamico)
- 2 El Olivenöl
- 1 EL Colatura di Alici
- 100 ml Defrutum

Zubereitung

Den Fisch in Olivenöl von beiden Seiten goldgelb braten. In der Zwischenzeit die Sauce aus den übrigen Zutaten anrühren, die Sauce kurz aufkochen und ca. 10 Min. lang auf kleiner Flamme ziehen lassen. Die fertigen Fischfilets mit der Sauce beträufeln, etwas gemahlenen Pfeffer darüberstreuen und servieren.

Pisces inotogonon | Fische in Weinsauce

(Apicius Exc. 13)

Mit Fisch

Schwierigkeitsgrad:

Zubereitungszeit: 40 Min.

Zutaten für 4 Portionen

- 750 g Fischfilet (z. B. Scholle, Seelachs o. Ä.)
- 2 EL Olivenöl
- 2 EL Colatura di Alici
- 250 ml Weißwein (z. B. trockener Marsala)
- 1 Stange Lauch
- 1 TL Pfeffer

- einige Blätter frischer Koriander
- 1 EL Oregano
- 1 EL Liebstöckel
- evtl. 1 EL Speisestärke

Zubereitung

Die Fischfilets abspülen und in eine Pfanne legen, Öl, Colatura di Alici, Weißwein, Koriander und den grobgeschnittenen Lauch hinzufügen, aufkochen lassen und auf mittlerer Flamme ca. 15 Min. weiterkochen. Danach Lauch und Koriander herausnehmen, mit den übrigen Gewürzen pürieren und wieder hinzufügen. Noch etwa 5 Min. ziehen lassen, dann die Sauce mit Speisestärke binden, mit etwas gemahlenem Pfeffer bestreuen und servieren.

Mullos anethatos sic facies | Meerbarben in Dillsauce (Apicius Exc. 14)

Mit Fisch

Schwierigkeitsgrad:

Zubereitungszeit: 40 Min.

Zutaten für 4 Portionen

- 750 g Meerbarbenfilet (alternativ zu Meerbarbe geht auch Rotbarsch)
- 2 EL Olivenöl
- 2 EL Colatura di Alici
- 250 ml Weißwein (z. B. trockener Marsala)
- 1 Stange Lauch
- einige Blätter frischer Koriander

Für die Sauce

- 1 EL Dill
- 1 TL gemahlener Pfeffer
- 2 EL Essig
- 1 EL Olivenöl
- 100 ml Passum
- 1 EL Speisestärke
- etwas gemahlener Pfeffer zum Darüberstreuen

Zubereitung

Die Fischfilets in eine ausreichend große Pfanne legen, Öl, Colatura di Alici, Wein, kleingeschnittenen Lauch und Koriander hinzufügen und aufkochen lassen. Auf mittlerer Flamme ca. 20 Min. lang kochen lassen. Dann Dill, Pfeffer, Essig, Öl und Passum in einen Topf geben, kurz aufkochen lassen und mit Speisestärke binden. Diese Sauce in die Pfanne über den Fisch gießen, auf kleiner Flamme noch ca. 5 Min. ziehen lassen, etwas gemahlenen Pfeffer darüberstreuen und servieren.

Auch hier haben wir wieder den Fall, dass die Zutat, nach der das Rezept eigentlich benannt ist, nämlich der Dill, bei der Aufzählung der Zutaten gar nicht vorkommt. Wir sind so frei, ihn in ausreichender Menge hinzuzufügen.

Sarda farsilis | Gefüllter Bonito (Apicius 9,10,1)

Mit Fisch

Schwierigkeitsgrad:

Zubereitungszeit: 75 Min.

Zutaten für 4 Portionen

- 1 Bonito (ca. 1,5 kg, wenn erhältlich, ersatzweise 4 frische Makrelen)

Für die Füllung

- einige Blätter frische Poleiminze (oder 1 EL getrocknete und gerebelte normale Minze)
- 1 EL Pfeffer (ganze Körner)
- 1 EL Minze
- 100 g gehackte Walnüsse
- 1 EL Honig

Für die Sauce

- 2 EL Olivenöl
- 2 EL Caroenum
- 1 EL Sardellenpaste

Zubereitung

Den ausgenommenen Bonito putzen und entgräten. Für die Füllung Pfeffer, Minze, Walnüsse und Honig im Mörser zerstampfen, den Bonito damit füllen und zusammennähen oder mit Zahnstochern zusammenstecken. Den gefüllten Bonito in Backpapier oder Aluminiumfolie einwickeln und in einem geschlossenen Gefäß im vorgeheizten Ofen bei 150°C ca. 60 Min. lang dünsten. Die Sauce aus Olivenöl, Caroenum und Sardellenpaste anrühren und zusammen mit dem Bonito servieren.

Dies ist ein ausgesprochen empfehlenswertes Rezept für ganze Fische, das man unbedingt einmal testen sollte, auch wenn die Zubereitung etwas kompliziert ist.

Ius in tinno | Thunfisch mit Sauce[14] (Apicius 10,3,4)

Mit Fisch

Schwierigkeitsgrad: ✿ ✿ ✿

Zubereitungszeit: 30 Min.

Zutaten für 4 Portionen

- 750 g Thunfischfilet bzw. -steaks
- 2 EL Olivenöl

Für die Sauce

- ½ TL Pfeffer
- 1 TL Kumin (Kreuzkümmel)
- 1 TL gemahlener Thymian
- 1 TL gemahlener Koriander
- 1 Zwiebel
- 100 g Rosinen
- 1 EL Essig
- 1 EL Honig
- 200 ml Weißwein (z. B. trockener Marsala)
- 2 EL Colatura di Alici
- 2 EL Olivenöl
- 1 EL Speisestärke

Zubereitung

Das Thunfischfilet in Olivenöl braten. Die Zutaten für die Sauce in einen Topf geben, aufkochen lassen und auf mittlerer Flamme ca. 10 Min. lang kochen, so dass die Flüssigkeit etwas einkocht. Danach mit Speisestärke binden und zu dem Thunfisch servieren.

Die Beigabe von Rosinen oder auch Datteln begegnet uns im römischen Kochbuch bei Fisch- und Fleischgerichten öfter. Die Zubereitungsart des Fisches ist im Original nicht näher erläutert. Ich schlage vor, den Fisch zu braten, man kann es aber auch mit gekochtem Thunfisch versuchen.

Pisces assos | Gegrillte Fische (Apicius Exc. 10)

Mit Fisch

Schwierigkeitsgrad:

Zubereitungszeit: 40 Min.

Zutaten für 4 Portionen

- zum Grillen geeigneter Fisch (z. B. Lachsforelle, ca. 1 kg)

Für die Sauce

- ½ TL Pfeffer
- 1 EL Liebstöckel
- 1 EL Bohnenkraut
- 1 EL getrocknete Zwiebel
- 12 entkernte Datteln
- 1 EL Dill
- 4 hartgekochte Eidotter
- 1 EL Essig
- 1 EL Honig

- 2 EL Colatura di Alici
- 4 EL Olivenöl
- 1 EL Defrutum

Zubereitung

Den Fisch auf dem Rost oder am Spieß grillen. Inzwischen die Sauce aus den übrigen Zutaten mischen; dazu die Datteln feinhacken und mit den Eidottern und Gewürzen ohne die Flüssigkeiten im Mörser zerreiben oder mit dem Stabmixer pürieren. Dann das Olivenöl ganz langsam unterrühren. Schließlich Essig, Honig, Colatura di Alici, Öl und Defrutum dazugeben und gründlich verrühren, so dass man eine homogene Sauce erhält. Die Sauce nicht kochen. Sobald der Fisch gar ist, entgräten und mit der kalten Sauce servieren.

Mayonnaise war den Römern noch unbekannt – sie wurde erst im 18. Jahrhundert in Europa eingeführt. Dennoch enthalten einige Saucenrezepte der antiken römischen Küche, wie man auch in diesem Rezept sieht, durch die Kombination von Eidottern und Öl bereits Elemente, die an Mayonnaise erinnern. Dass die Eidotter gekocht sein müssen, steht nicht explizit in diesem Rezept, ist aber aufgrund von Angaben in anderen ähnlichen Saucenrezepten zu vermuten.

In piscibus elixis | Gesottener Fisch mit Sauce[15]

(Apicius Exc. 18)

Mit Fisch

Schwierigkeitsgrad:

Zubereitungszeit: 50 Min.

Zutaten für 4 Portionen

- 750 g Fischfilet (z. B. Scholle, Rotbarsch o. Ä.)

Für die Sauce

- ½ TL gemahlener Pfeffer
- ½ TL gemahlene Senfkörner
- 1 TL gemahlene Selleriesamen
- einige Blätter frischer Liebstöckel
- einige Blätter frischer Oregano
- 2 EL Weißweinessig
- 100 g Pinienkerne
- 1 EL Dattelsirup oder 6 feingehackte bzw. pürierte Datteln
- 1 EL Honig
- 2 EL Colatura di Alici

Zubereitung

Das Fischfilet in ungesalzenem Wasser garkochen (ca. 20 Min.). Für die Sauce die Liebstöckel- und Oreganoblätter feinhacken, gemahlenen Pfeffer, Senf und Selleriesamen hinzufügen und mit Essig anrühren, Dattelsirup oder pürierte Datteln, Honig und Colatura di Alici hinzufügen und gut verrühren. Danach ganze Pinienkerne hinzufügen, gut mischen und zu dem gekochten Fisch servieren.

Die Gewürzzubereitung, die in diesem Rezept Verwendung findet, ist im Prinzip nichts anderes als eine Art Kräutersenfzubereitung, die mit Pinienkernen angereichert wird.

Mit Fleisch

Pisam farsilem | Erbsenauflauf (Apicius 5,3,2)

Mit Schwein, Geflügel, Lamm, Fisch

Schwierigkeitsgrad:

Zubereitungszeit: 180 Min.

Zutaten für 4 Portionen

- 600 g Erbsen
- 100 g Schweinebauch
- 100 g Schweinegulasch
- 100 g Hühnerbrust
- 1 Lammhirn (alternativ 100 g Kalbs- oder Lammbries oder auch eine Wollwurst)
- 1 rohe grobe Bratwurst
- 100 g roher Schinken
- 1 Lauchstange
- 100 g geröstete Pinienkerne
- 2 EL Olivenöl
- 2 EL Colatura di Alici
- einige frische Korianderblätter (oder 1 EL gemahlener Koriander)
- 1 TL gemahlener Pfeffer
- 1 EL Liebstöckel
- 1 EL Oregano
- 1 TL Ingwer
- etwas Olivenöl zum Auspinseln der Backform

Für die weiße Sauce

- 6 gekochte Eiweiß
- ½ TL weißer Pfeffer (gemahlen)
- 50 g Pinienkerne
- 1 EL Honig
- 2 EL Weißwein (z. B. trockener Marsala)
- 1 EL Colatura di Alici (oder ½ TL Salz)

Zubereitung

Schweinebauch, Hühnerbrust, Lammhirn (oder die entsprechende Alternative) und den rohen Schinken würfeln und mit dem Schweinegulasch ca. 1 Std. lang in etwa 1 l Wasser mit 2 EL Colatura di Alici (oder 1 TL Salz) kochen lassen. Danach den Lauch und den frischen Koriander hinzufügen und weitere ca. 20 Min. kochen lassen. Die Pinienkerne in einer Pfanne rösten, bis sie goldgelb sind. Die Bratwurst grillen. Die Erbsen in Salzwasser garkochen (ca. 5 Min. kochen lassen) und das Wasser abgießen. Das Fleisch und den Lauch aus der Brühe nehmen. Eine Glasform mit Alufolie auslegen, die Folie mit Olivenöl bestreichen und mit den gerösteten Pinienkernen bestreuen, dann Erbsen und Fleisch abwechselnd in das Gefäß schichten und mit einer Schicht Erbsen abschließen. Ca. 200 ml von der Fleischbrühe mit Pfeffer, Liebstöckel, Oregano und Ingwer anrühren und über den Auflauf gießen. In den vorgeheizten Ofen geben und bei 180°C ca. 30 Min. lang backen. Während der Auflauf im Ofen ist, eine weiße Sauce zubereiten, indem das gekochte Eiweiß mit gemahlenem weißem Pfeffer, Pinienkernen, Honig, Wein und Colatura di Alici zerstoßen bzw. püriert und dann durch ein Sieb passiert wird. Die Sauce kurz aufkochen lassen. Den Auflauf aus dem Ofen nehmen, vorsichtig auf eine Platte stürzen, mit der Sauce übergießen und servieren.

Dieses Rezept zeigt eindrucksvoll, mit welchem Aufwand einige der apicianischen Rezepte zubereitet werden müssen. Im Originalrezept werden die einzelnen Fleischsorten in verschiedenen Töpfen gekocht. Ich denke aber, dass man das Fleisch gut im selben Topf garkochen kann. Dabei sollte man natürlich die unterschiedlichen Garzeiten berücksichtigen, insbesondere sollte der Lauch nicht völlig zerkocht werden, weshalb man ihn erst am Ende der Garzeit hinzufügen soll.

Conciclam Apicianam | Erbsentopf à la Apicius (Apicius 5,4,2)

Mit Schwein, Fisch

Schwierigkeitsgrad:

Zubereitungszeit: 100 Min.

Zutaten für 4 Portionen

- 600 g frische Erbsen
- 2 Lukanische Würstchen (rohe grobe Bratwürste oder Salami ohne Wursthaut oder Salama da Sugo aus Ferrara)
- 100 g rohe Schweinehackfleischbällchen
- 100 g Schweinefleischstücke (z. B. Schweinebauch)
- 100 g roher Vorderschinken (gewürfelt)

Für die Sauce

- 1 TL gemahlener Pfeffer
- 1 EL Liebstöckel
- 1 EL Oregano
- 1 EL Dill
- 2 EL getrocknete Zwiebel
- einige Blätter frischer Koriander (oder 1 TL gemahlener Koriander)
- 2 EL Colatura di Alici (oder 1 TL Salz)
- 200 ml Weißwein (z. B. trockener Marsala)
- 200 ml Olivenöl

Zubereitung

Die Erbsen mit den geschnittenen Würstchen, den Hackfleischbällchen und dem gewürfelten Fleisch in einer Tonkasserolle (in einem Römertopf) abwechselnd aufschichten, mit einer Schicht Erbsen beginnend. Die Sauce aus den Gewürzen mit Colatura di Alici und Weißwein anrühren und über die Erbsen und das Fleisch geben. Zum Schluss das Olivenöl über die »concicla« geben, mit einem Spießchen überall hineinstechen, damit das Öl aufgesaugt wird, in den vorgeheizten Ofen stellen und ca. 75 Min. bei 200°C backen.

In anate | Ente (Apicius 6,2,1)

Mit Geflügel, Fisch

Schwierigkeitsgrad:

Zubereitungszeit: 120 Min.

Zutaten für 4 Portionen

- 2 frische Enten (je ca. 750 g)
- 1 l Wasser
- 1 TL Salz
- 2 EL Dill
- 200 ml Olivenöl
- 2 EL Colatura di Alici
- 2–3 Zweige frischer Oregano
- 2–3 Zweige frischer Koriander
- 100 ml Defrutum

Für die Sauce

- 1 TL Pfeffer
- 1 EL Liebstöckel
- 1 EL Kumin (Kreuzkümmel)
- ½ TL Asant
- einige Blätter Weinraute
- 100 ml Caroenum (Traubensirup)
- 1 EL Honig
- 1 EL Essig
- 1 EL Speisestärke

Zubereitung

Die Enten in Wasser mit Salz und Dill ca. 45 Min. lang kochen und herausnehmen. In einen zweiten Topf Olivenöl und Colatura di Alici geben, die Enten sowie den frischen Oregano und Koriander dazugeben und zugedeckt auf kleiner Flamme weitere ca. 45 Min. lang garen und dabei öfters wenden und mit der Brühe übergießen. Kurz vor Ende der Kochzeit Defrutum hinzufügen.

In der Zwischenzeit die Sauce aus den Gewürzen mit Caroenum, Honig, Essig und etwas Brühe von den Enten anrühren, kurz aufkochen lassen und mit Speisestärke binden. Sobald die Enten gar sind, herausnehmen, auf einer Platte tranchieren, mit der Sauce übergießen und servieren.

Pullus conciclatus | Hähnchen gefüllt mit Erbsentopf (Apicius 5,4,6)

Mit Geflügel, Lamm, Schwein, Fisch

Schwierigkeitsgrad: 🌿🌿🌿🌿🌿

Zubereitungszeit: 150 Min.

Zutaten für 4 Portionen

- 1 großes Hähnchen (ca. 1,2–1,5 kg)
- 300 g Erbsen
- 1 Lammhirn (alternativ 100 g Kalbs- oder Lammbries oder auch eine Wollwurst)
- 1 lukanisches Würstchen (oder eine grobe Bratwurst oder 100 g Salami)
- 100 g Schweinebauch
- 1 EL Liebstöckel
- 1 EL Oregano
- 1 EL Ingwer
- 1 EL Colatura di Alici
- 2 EL Passum (z. B. Vin Santo oder Passito di Pantelleria)
- 1 EL Weißwein (z. B. trockener Marsala)

Zubereitung

Das Hähnchen von der Brust her entbeinen und die Beine ausgestreckt mit Spießchen zusammenstecken oder zusammenbinden. Das Lammhirn (oder die Alternative), die Würstchen und das Bauchfleisch würfeln. Das Hähnchen mit abwechselnd je einer Schicht Erbsen und gewürfeltem Fleisch füllen.

Die Gewürze mit Colatura di Alici, Passum und Wein anrühren und diese Sauce kurz aufkochen lassen. Die Sauce über die Füllung des Hähnchens gießen. Das Hähnchen in einen Bratbeutel oder in Alufolie einschließen, in eine

Glas- oder Tonschüssel geben und im vorgeheizten Ofen ca. 90 Min. bei 200°C backen, aus dem Bratbeutel herausnehmen und servieren.

Dieses Rezept wurde nicht zwischen den anderen Hähnchenrezepten überliefert. Im Original steht deutlich, dass es auch für Spanferkel geeignet ist, aber normalerweise würde man ein Spanferkel nur zubereiten, wenn man zum Essen mit mindestens 15 Gästen rechnet. Interessanterweise findet sich Pfeffer nicht in der Liste der Gewürze. Dafür verleiht der Ingwer alleine dem Gericht die nötige Schärfe.

Pullum Numidicum | Numidisches Hähnchen (Apicius 6,9,4)

Mit Geflügel, Fisch

Schwierigkeitsgrad:

Zubereitungszeit: 90 Min.

Zutaten für 4 Portionen

- 1 frisches Hähnchen (ca. 1–1,5 kg)

Zum Würzen

- ½ TL Asant
- ½ TL gemahlener Pfeffer

Für die Sauce

- ½ TL gemahlener Pfeffer
- ½ TL Kumin (Kreuzkümmel)
- 1 EL gemahlene Koriandersamen
- ½ TL Asant
- 1 EL Weinraute
- 50 g Pinienkerne
- 2 EL Essig
- 10 frische oder getrocknete entkernte und geviertelte Datteln
- 2 EL Honig
- 1 EL Colatura di Alici (oder ½ TL Salz mit 1 EL Weißwein)
- 2 EL Olivenöl
- 1 EL Speisestärke

Zubereitung

Das Hähnchen ca. 45 Min. in Wasser kochen, herausnehmen, mit Asant und Pfeffer einreiben und auf einem Spieß ca. 20 Min. grillen. In der Zwischenzeit die übrigen Zutaten außer der Speisestärke zu einer Sauce mischen, bei Bedarf etwas von der Hühnerbrühe hinzugeben, kurz aufkochen und ca. 10 Min. auf kleiner Flamme ziehen lassen. Die Sauce mit der Speisestärke binden, das Hähnchen damit übergießen, mit etwas Pfeffer bestreuen und servieren.

Pullum Frontonianum | Hähnchen à la Fronto

(Apicius 6,9,13)

Mit Geflügel, Fisch

Schwierigkeitsgrad:

Zubereitungszeit: 90 Min.

Zutaten für 4 Portionen

- 1 großes frisches Hähnchen (ca. 1,2–1,5 kg)
- 100 ml Olivenöl
- 5 EL Colatura di Alici
- 1 Lauchstange
- ca. 100 ml Defrutum
- frischer Dill, Bohnenkraut und Koriander nach Belieben
- ca. ½ TL gemahlener Pfeffer zum Bestreuen

Zubereitung

Das Hähnchen von allen Seiten anbraten, in eine Ton- oder Glaskasserolle geben, mit Öl und Colatura di Alici übergießen, den Lauch und die Gewürzkräuter hineingeben. Mit geschlossenem Deckel bei 220°C ca. 60 Min. lang backen. Herausnehmen, auf eine Platte legen, mit Defrutum bepinseln, mit Pfeffer bestreuen und servieren.

Pullus tractogalatus | Hähnchen im Milchbrei

(Apicius 6,9,14)

Mit Geflügel, Fisch

Schwierigkeitsgrad:

Zubereitungszeit: 90 Min.

Zutaten für 4 Portionen

- 1 frisches Hähnchen oder Suppenhuhn (ca. 1–1,5 kg)
- 250 ml Weißwein
- 100 ml Olivenöl
- 5 EL Colatura di Alici
- 2 mittelgroße Zwiebeln
- 1 TL Koriander (frisch oder getrocknet)

Für den Milchbrei

- 300 ml Milch
- 100 ml Wasser
- ½ TL Salz
- ca. 4 EL Mehl

Für die Sauce

- 200 ml Defrutum bzw. 600 ml Traubensaft
- ½ TL gemahlener Pfeffer
- 1 TL Liebstöckel (frisch oder getrocknet)
- 1 TL gerebelter Oregano
- 2 EL Honig
- 1 TL Speisestärke

Zubereitung

Das Hähnchen bzw. Suppenhuhn in einem nicht zu großen Topf mit Weißwein, Olivenöl, Colatura di Alici, den geviertelten Zwiebeln und Koriander ca. 45–60 Min. kochen, bis sich das Fleisch gut von den Knochen lösen lässt.

Wenn das Hähnchen fast gar ist, die Milch mit Wasser, Salz und etwas Hühnerbrühe in einem zweiten Topf auf kleiner Flamme erwärmen, ohne sie zum Kochen zu bringen. Die Milch vom Feuer nehmen, das Mehl nach und nach mit dem Schneebesen unterrühren. Unter ständigem Rühren auf kleiner Flamme kurz aufkochen lassen.

Das Defrutum oder den Traubensaft in einem weiteren Topf aufsetzen, Pfeffer, Liebstöckel, Oregano und Honig hinzugeben und aufkochen lassen. Wenn man bereits eingekochten Traubensaft verwendet, nur kurz (ca. 5 Min.) kochen lassen, bei der Verwendung von Traubensaft so lange im offenen Topf kochen lassen, bis der Traubensaft auf etwa ein Drittel eingekocht ist. Die Sauce mit Speisestärke eindicken.

Das Hähnchen aus dem Topf nehmen, sobald es gar ist, das Fleisch von den Knochen lösen, in mundgerechte Stücke zerschneiden, auf eine Servierplatte geben und mit dem Milchbrei übergießen. Die Sauce kann separat serviert oder auch über das auf der Platte angerichtete Hühnchen gegeben werden.

Pullus fusilis | Hähnchen mit flüssiger Füllung

(Apicius 6,9,15)

Mit Geflügel, Schwein, Rind, Lamm, Fisch

Schwierigkeitsgrad:

Zubereitungszeit: 120 Min.

Zutaten für 4 Portionen

- 1 großes Hähnchen (ca. 1,2–1,5 kg)
- 300 g Hackfleisch (gemischt)
- 1 Lammhirn (alternativ 100 g Kalbs- oder Lammbries oder auch eine Weißwurst)
- 100 g Dinkel- oder Weizengrieß
- 2 Eier
- 200 ml Weißwein
- 1 EL Olivenöl
- 1 EL Liebstöckel
- ¼ TL gemahlener Ingwer
- ¼ TL gemahlener Pfeffer
- 1 TL grüne Pfefferkörner
- 50 g Pinienkerne
- 1 EL Colatura di Alici (oder ½ TL Salz)

Zubereitung

Das Hähnchen vom Hals her entbeinen (Anleitungen gibt es im Internet, man kann es aber auch den Metzger machen lassen). Das Lammhirn (oder die entsprechende Alternative) in Brühe kochen. Die Füllung in einer Schüssel vorbereiten, indem man Hackfleisch mit dem Grieß und den restlichen Zutaten mischt und gut verrührt, so dass eine glatte Masse entsteht. Das entbeinte Hähnchen damit füllen und die Öffnungen zunähen. Beim Füllen etwas Platz lassen, damit das Hähnchen beim Backen nicht platzt. Im

Backofen bei 220°C ca. 75 Min. lang in einer geschlossenen Tonkasserolle (z. B. in einem Römertopf) backen, herausnehmen und servieren.

Ofellas Apicianas | Schweinerollbraten à la Apicius (Apicius 7,4,2)

Mit Schwein, Fisch

Schwierigkeitsgrad: 4 von 4

Zubereitungszeit: ca. 90 Min.

Zutaten für 4 Portionen

- 800 g Schweinebauch ohne Knochen, Knorpel und Schwarte
- 1 TL gemahlener Pfeffer

Für die Brühe

- ½ TL gemahlener Pfeffer
- 1 EL Liebstöckel
- 100 g Erdmandeln
- 1 EL Kumin (Kreuzkümmel)
- 2 EL Colatura di Alici (oder 1 TL Salz)
- 200 ml Passum

Zubereitung

Das Bauchfleisch zusammenrollen, mit Holzspießen zusammenstecken und zuerst im Ofen bei niedriger Temperatur (80°C) etwa 30 Min. lang erhitzen. Danach das Fleisch kurz anbraten und bei schwacher Hitze (d. h. ausreichend weit weg vom Feuer) langsam auf einem Rost grillen; dabei aber öfters wenden und darauf achten, dass es nicht zu dunkel wird.

Die Gewürze im Mörser zerstoßen, dann mit Colatura di Alici und Passum zu einer Sauce anrühren und diese in einen großen Topf gießen.

Das Fleisch vom Grill nehmen, in dünne Scheiben schneiden, in den Topf mit der Sauce geben und aufkochen lassen; dabei die Fleischstücke oft in der Sauce wenden, bis die Sauce vom Fleisch aufgenommen wurde.

Das Fleisch aus dem Topf nehmen, mit Pfeffer bestreuen und servieren.

Es empfiehlt sich, obwohl dies eigentlich nicht so im Rezept steht, das Fleisch, schon bevor es auf den Grillrost kommt, in etwa fingerdicke Scheiben zu schneiden, beidseitig zu grillen und zum Abschluss die vorbereitete Sauce aufnehmen zu lassen. Das Fleisch soll trocken serviert werden, d. h., die Sauce kann im letzten Schritt ruhig komplett eindampfen.

Assaturas | Marinade für Grillbraten (Apicius 7,5,2)

Mit Schwein, Fisch

Schwierigkeitsgrad: 🌿🌿

Zubereitungszeit: 30 Min.

Zutaten für 4 Portionen

- 4 Schweinesteaks zum Grillen (z. B. vom Nacken oder Kamm)

Für die Marinade

- 1 EL gehackte frische Petersilie
- 1 EL Asant
- 1 EL gemahlener Ingwer
- 5 Lorbeerfrüchte
- 1 EL gerebelter Oregano
- 6 g Erdmandeln
- ½ TL Indische Kostuswurzel
- 1 TL Bertram
- 1 EL gemahlene Selleriesamen
- 2 EL Pfefferkörner
- 100 ml Olivenöl
- 3 EL Colatura di Alici

Zubereitung

Die Zutaten für die Marinade im Mörser möglichst fein zerstoßen und mit Colatura di Alici und Öl anrühren.

Die Schweinesteaks gründlich mit der Marinade bestreichen und mindestens 24 Std. an einem kühlen Ort in einer geschlossenen Schüssel ruhen lassen.

Die marinierten Steaks über Holz oder Holzkohle grillen und servieren.

Die Indische Kostuswurzel oder Königswurz, die in diesem Rezept genannt wird, ist sehr schwer als Gewürz zu beschaffen. Auch Bertram wird kaum noch verwendet, hat aber dadurch, dass Hildegard von Bingen ihn schätzte, eine gewisse Prominenz erhalten. Notfalls kann man auch auf diese Gewürze verzichten.

Lumbuli | Gefüllte Schweinelendchen (Apicius 7,8)

Mit Schwein, Fisch

Schwierigkeitsgrad:

Zubereitungszeit: 60 Min.

Zutaten für 4 Portionen

- 2 Schweinelenden
- 1 TL Pfeffer
- 100 g Pinienkerne
- einige Blätter frischer Koriander
- 2 EL gemahlene Fenchelsamen
- 100 ml Olivenöl
- 2 EL Colatura di Alici
- Wursthaut (Schweinedarm)

Zubereitung

Die Schweinelenden längs aufschneiden, so dass beide Hälften zusammenbleiben. In die Öffnung Pfeffer, Pinienkerne, kleingehackte Korianderblätter und Fenchel hineingeben. Die Lenden wieder zuklappen und zunähen (nicht mit Spießchen zusammenstecken!) und Wursthaut darüberziehen.

Das Öl mit Colatura di Alici in eine Pfanne geben und erhitzen und darin die Lenden kurz (ca. 5 Min.) rundum anbraten, dann herausnehmen und auf einem Rost ca. 20–30 Min. lang grillen; dabei öfters wenden. Die Lenden vom Grill nehmen, die Wursthaut und die Fäden entfernen, servieren.

Rezepte für gefüllte Lende findet man auch heute vielfach in Kochbüchern und im Internet. Es handelt sich offensichtlich um einen kulinarischen Dauerbrenner. In den modernen Rezepten liest man oft, dass die Lende mit Speck umwickelt wird. Die Methode, sie wie eine Wurst mit Schweinedarm zu überziehen, scheint dagegen nicht mehr gebräuchlich.

Perna | Schinken in Ölteig (Apicius 7,9,1)

Mit Schwein

Schwierigkeitsgrad: 🌿🌿🌿🌿

Zubereitungszeit: 150 Min.

Zutaten für 12 Portionen

- 3 kg Schinken (roh, nicht geräuchert, mit Schwarte)
- 60 Feigen
- 3 Lorbeerblätter
- 1 EL Honig
- 1 kg Weizenmehl
- 350 ml Olivenöl

Zubereitung

Den Schinken mit Feigen und Lorbeerblättern in ungesalzenem Wasser garkochen, nach 90 Min. herausnehmen und die Schwarte ablösen. Ein würfelförmiges Loch aus dem Schinken schneiden und mit Honig füllen. Aus Mehl und Öl einen Teig herstellen und den Schinken damit vollständig umhüllen. Da der Ölteig sehr brüchig ist, ist es empfehlenswert, eine ofenfeste Glasschüssel oder Tonkasserolle in Größe des Schinkens mit Ölteig auszulegen, den Schinken hineinzulegen und mit dem restlichen Teig zu bedecken. Den Schinken im vorgeheizten Backofen ca. 120 Min. bei

200°C backen, herausnehmen, die Schicht Ölteig entfernen und servieren.

Dieses Gericht lässt sich sinnvoll nur mit einem großen Stück Schinken verwirklichen. Daher sind die Mengenangaben hier nicht wie sonst für 4 Portionen, sondern für 12 Portionen angegeben. Das Rezept ähnelt dem heute üblichen Schinken im Brotteig. Sinn der Umhüllung ist natürlich, dass der Schinken während des Backens nicht austrocknet. Der Ölteig hat gegenüber Brotteig den Nachteil, dass er praktisch ungenießbar ist, wenn man ihn, wie im Originalrezept vorgesehen, nur aus Mehl und Öl zubereitet. Alternativ kann man dieses Rezept mit einem Teig aus Mehl und Wasser oder Mehl und Ei (Nudelteig) unter Zugabe von etwas Öl versuchen.

In aprum assum iura ferventia | Gegrilltes Wildschwein mit heißer Sauce

(Apicius 8,1,4)

Mit Schwein, Fisch

Schwierigkeitsgrad:

Zubereitungszeit: 20 Min.

Zutaten für 4 Portionen

- 4 Wildschweinkoteletts (insgesamt ca. 800 g – 1 kg)

Für die Sauce

- 1 EL gemahlener Pfeffer
- 1 EL gemahlener Kumin (Kreuzkümmel)
- 1 EL gemahlene Selleriesamen
- 1 EL Minze (gerebelt)
- 1 EL Thymian (gerebelt)
- 1 EL gerebeltes Bohnenkraut
- 1 EL Saflor
- 100 g geröstete Pinienkerne oder geröstete Mandeln
- 2 EL Honig
- 300 ml Rotwein
- 3 EL Colatura di Alici
- 3 EL Olivenöl

Zubereitung

Die Wildschweinkoteletts auf dem Rost grillen. Die Pinienkerne oder Mandeln kurz in einer Pfanne ohne Fett rösten. Die Zutaten außer dem Olivenöl zusammengeben und aufkochen lassen. Auf mittlerer Flamme ungefähr auf die Hälfte oder noch etwas weiter einkochen lassen, dann das Olivenöl hinzufügen, noch kurz auf dem Herd lassen, kochend heiß über die gegrillten Koteletts geben und servieren.

Vitellina fricta | Kalbsbraten (Apicius 8,5,1)

Mit Rind

Schwierigkeitsgrad: 4 von 4

Zubereitungszeit: Variante 1: 90–200 Min., Variante 2: 20 Min.

Zutaten für 4 Portionen

- 800 g – 1 kg Kalbsschnitzel, -steaks oder Kalbsbraten (z. B. Nuss)
- 2–3 EL Olivenöl
- bei Kalbsbraten: ca. 100 ml Rotwein

Für die Sauce

- 1 TL gemahlener Pfeffer
- 1 EL Liebstöckel (gerebelt)
- 1 TL gemahlene Selleriesamen
- 1 TL Kumin (Kreuzkümmel)
- 1 TL Oregano (gerebelt)
- 2 EL getrocknete Zwiebel
- 300 g Rosinen
- 1 EL Honig
- 2 EL Essig
- 200 ml Rotwein
- 2 EL Colatura di Alici (oder 1 TL Salz)
- 3 EL Olivenöl
- 100 ml Defrutum

Zubereitung

Variante 1 mit Kalbsbraten: Den Kalbsbraten in einer Pfanne mit etwas Olivenöl von allen Seiten gut anbraten, so dass er saftig bleibt. Danach in einer geschlossenen Tonkasserolle in den vorgeheizten Ofen geben und bei 250°C unter Zugabe von etwas Olivenöl und Rotwein je nach Menge 60 Min. (bei 1kg) garen.

Variante 2 mit Kalbsschnitzeln oder -steaks: Die Kalbsschnitzel oder -steaks klopfen, dann mit etwas Olivenöl in der Pfanne von beiden Seiten gut anbraten und bei schwacher Hitze ca. 5–10 Min. auf dem Herd lassen und dabei gelegentlich wenden.

Beide Varianten: Die Sauce aus den übrigen Zutaten mischen und kurz aufkochen lassen, dann ca. 10 Min. bei mittlerer Hitze kochen. Dabei nehmen die Rosinen einen großen Teil der Flüssigkeit auf. Sobald das Fleisch fertig ist, aus dem Ofen bzw. vom Feuer nehmen, den Braten schneiden und in der Sauce noch etwa 10 Min. ziehen lassen, die Schnitzel oder Steaks mit der fertigen Sauce übergießen (die dafür etwas stärker eingekocht werden kann) und servieren.

Die Variante mit dem Kalbsbraten (ein Stück vom jungen Rind geht auch und ist vielleicht noch besser) eignet sich vor allem bei größeren Mengen, da ein zu kleines Bratenstück leicht austrocknet und dann zu hart wird. Der Rosinenbraten hat sich interessanterweise bis heute in den Rezeptsammlungen erhalten. Schon im »Registrum Coquine« von Jean von Bockenheim[16] aus dem 15. Jahrhundert wird er als typisch römisches Gericht bezeichnet, und noch immer finden sich ähnliche Rezepte, wie z. B. rheinischer Sauerbraten mit Rosinen, in modernen Rezeptsammlungen.

In vitulinam elixam | Gekochtes Kalbfleisch

(Apicius 8,5,3)

Mit Rind, Fisch

Schwierigkeitsgrad:

Zubereitungszeit: 100 Min.

Zutaten für 4 Portionen

- 800 g – 1 kg Kalbfleisch

Für die Sauce

- 1 EL Liebstöckel
- 1 TL gemahlener Kümmel (Wiesenkümmel)
- 1 EL Selleriesamen
- 2 EL Honig
- 2 EL Essig
- 200 ml Olivenöl
- 2 EL Colatura di Alici (oder 1 TL Salz)
- 1 TL Speisestärke

Zubereitung

Das Kalbfleisch ca. 90 Min. in ungesalzenem Wasser garkochen. Die Zutaten für die Sauce in einen Topf geben, gut verrühren und etwa 5 Min. lang vorsichtig erhitzen, dann mit etwas Speisestärke binden und zusammen mit dem Fleisch servieren.

Es handelt sich bei diesem Rezept eher um eine Art Gewürzöl als um eine Sauce im modernen Sinn. Wegen des beigefügten Olivenöls sollte man diese Mischung nur kurz erhitzen.

Haedinam sive agninam excaldatam | Gedünstetes Zicklein oder Lamm auf andere Art (Apicius 8,6,2)

Mit Ziege oder Lamm, Fisch

Schwierigkeitsgrad: 🌿🌿🌿

Zubereitungszeit: 60 Min.

Zutaten für 4 Portionen

- 12 kleine Lammkoteletts oder Keule vom Zicklein (ca. 1,2 kg)

Für die Sauce

- 1 große Zwiebel
- einige Blätter frischer Koriander
- 1 TL Pfeffer
- 1 EL Liebstöckel
- 1 TL Kumin (Kreuzkümmel)
- 2 EL Colatura di Alici (oder 1 TL Salz)
- 3 EL Olivenöl
- 500 ml Weißwein (lieblich)
- 1 EL Speisestärke

Zubereitung

Die Lammkoteletts bzw. das Fleisch vom Zicklein mit Wasser abspülen und in einen großen Topf legen. Die Zwiebel würfeln, den Koriander kleinhacken und mit Gewürzen, Öl und Wein zu den Koteletts geben und aufkochen lassen. Bei schwacher Flamme im zugedeckten Topf ca. 45 Min. kochen lassen. Den Fond mit der Speisestärke binden und servieren.

Wir kennen Lamm und Zicklein heute hauptsächlich gebraten. Daher mag es erstaunen, dass die Römer solche Fleischsorten auch häufig gekocht oder gedünstet aufgetischt haben. Einen Versuch ist es auf jeden Fall wert.

Vulvulae esiciatae | Fleischwürste (Apicius 2,3,1)

Mit Schwein, Rind, Fisch

Schwierigkeitsgrad:

Zubereitungszeit: 60 Min.

Zutaten für 4 Portionen

- 800 g gemischtes Hackfleisch
- 1 TL gemahlener Pfeffer
- 1 TL gemahlener Kumin (Kreuzkümmel)
- 1 Stange Lauch
- einige Blätter frische Weinraute
- 2 EL Colatura di Alici
- 2 EL grüner Pfeffer (ganze Körner)
- 100 g ganze Pinienkerne
- Wursthaut (Schweinedarm)

Für den Sud zum Kochen

- 1 l Wasser
- 100 ml Olivenöl
- 4 EL Colatura di Alici
- 1 Stange Lauch
- 2 EL Dill (frisch oder getrocknet, kleingehackt)

Zubereitung

Das Hackfleisch mit dem kleingeschnittenen Lauch und den übrigen Zutaten vermengen und mehrmals auf feinster Stufe durch den Fleischwolf drehen, danach ganze grüne Pfefferkörner und Pinienkerne hinzufügen, gut mischen und in eine Wursthaut füllen.

Für den Sud zum Brühen der Würste den Lauch in Scheiben schneiden und ins Wasser geben, Olivenöl, Colatura di

Alici und Dill hinzufügen, kurz aufkochen lassen, die Würste hineingeben und darin auf kleiner Flamme ca. 30 Min. lang brühen lassen.

Lucanicae | Lukanische Würstchen (Apicius 2,4)

Mit Schwein, Fisch

Schwierigkeitsgrad:

Zubereitungszeit: 60 Min.

Zutaten für 4 Portionen

- 800 g nicht zu mageres Schweinehackfleisch
- 1 TL gemahlener Pfeffer
- 1 TL Kumin (Kreuzkümmel)
- 1 EL Bohnenkraut
- einige Blätter frische Weinraute
- einige Blätter frische Petersilie
- 2 Lorbeerfrüchte
- 3 EL Colatura di Alici (oder 1½ TL Salz)
- 100 g Speck
- 1 EL ganze Pfefferkörner
- 100 g ganze Pinienkerne
- dünne Wursthaut (Schweinedarm)
- Buchenholz und evtl. Rosmarinzweige zum Räuchern

Zubereitung

Das Schweinehackfleisch mit den Gewürzen außer dem Speck, den ganzen Pfefferkörnern und Pinienkernen mischen und auf feinster Stufe mehrmals durch den Fleischwolf drehen.

Den Speck in kleine Würfel schneiden und mit den ganzen Pfefferkörnern und Pinienkernen zum gemahlenen Fleisch geben, die Masse gut vermengen und die Wursthaut damit füllen. Die Würste sollen nur etwa daumendick werden. Nach dem Füllen mit Buchenholz und Rosmarinzweigen räuchern.

Diese Wurstsorte hat bereits in antiker Zeit viele Anhänger gefunden, was sie zu einem Aushängeschild der antiken Küche machte. Ausgehend von ihrer Herkunftsregion, der italienischen Basilicata (früher Lucania), haben sie sich in den vergangenen 2000 Jahren in den unterschiedlichsten lokalen Küchen als Spezialitäten weiterentwickelt. In der Konsistenz ähneln sie der Salami und groben Bratwürsten.

Et sicium | Hackbraten (Apicius 2,1,5)

Mit Schwein, Rind, Lamm, Fisch

Schwierigkeitsgrad:

Zubereitungszeit: 40 Min.

Zutaten für 4 Portionen

- 600 g gemischtes Hackfleisch
- 1 Lammhirn (alternativ: 100 g Kalbsbries oder 1 Wollwurst)
- 3 Eier
- 1 TL gemahlener Pfeffer
- 1 EL gemahlener Liebstöckel
- 1 EL gerebelter Oregano
- 2 EL Colatura di Alici

Für die Sauce

- ½ TL Pfeffer
- 1 EL Liebstöckel
- 1 EL Oregano
- 1 EL Colatura di Alici
- 200 ml Weißwein
- 2 EL Passum oder Caroenum
- 1 EL Mehl

Zubereitung

Das Hirn (oder den entsprechenden Ersatz) zerstampfen und mit Hackfleisch, Eiern, Pfeffer, Liebstöckel und Oregano zu einer glatten Masse verarbeiten, in eine Kasserolle geben und im Ofen ca. 30 Min. bei 180°C backen. Inzwischen die Sauce aus den entsprechenden Zutaten vorbereiten, in einen Topf geben, kurz aufkochen und dann ca. 5 Min. ziehen lassen. Danach etwas Sauce mit dem Mehl anrühren und die Sauce damit binden. Das Fleisch aus dem Ofen nehmen, in Würfel schneiden, auf Teller verteilen, mit der Sauce übergießen und servieren.

Ofellas Ostienses | Marinierter Schweinekrustenbraten (Apicius 7,4,1)

Mit Schwein, Fisch

Schwierigkeitsgrad: ♆ ♆ ♆ ♆

Zubereitungszeit: 120 Min.

Zutaten für 4 Portionen

- 1 kg flaches Stück Schweineschulter mit Schwarte

Für die Marinade

- 1 TL gemahlener Pfeffer
- 1 EL gemahlener Liebstöckel
- 1 TL Dill
- 1 TL Kumin (Kreuzkümmel)
- ½ TL Asant
- 1 Lorbeerfrucht
- 100 ml Colatura di Alici

Für die Sauce

- ½ TL gemahlener Pfeffer
- 1 TL Liebstöckel
- 1 EL Colatura di Alici
- 100 ml Passum
- 1 EL Speisestärke

Zubereitung

Die Marinade aus den oben genannten Zutaten anrühren und alles im Mörser fein zerstoßen. Die Schwarte der Schweineschulter so einschneiden, wie nachher die Stücke geteilt werden sollen. Das Stück Schweineschulter in eine Schüssel geben und gründlich mit der Marinade bepinseln. Die Schüssel zudecken und das Fleisch darin zwei bis drei Tage ruhen lassen. Danach das Fleisch herausnehmen, zusammenrollen, mit Spießen zusammenstecken und in einer Kasserolle im vorgeheizten Backofen bei 200°C ca. 75 Min. garen. Kurz bevor das Fleisch fertig ist, die Zutaten für die Sauce in einem Topf zusammenrühren, kurz aufkochen lassen und mit Speisestärke binden. Das Fleisch aus dem Ofen nehmen, an den vorher in der Schwarte gemachten Schnitten aufschneiden und mit der Sauce servieren.

Ius in elixam omnem | Gekochtes Fleisch mit Sauce[17] (Apicius 7,6,1)

Mit Schwein oder Rind

Schwierigkeitsgrad:

Zubereitungszeit: 180 Min.

Zutaten für 4 Portionen

- evtl. 2 Karotten, 2 Zwiebeln und 1 Stange Lauch für die Brühe
- 800 g – 1 kg Rindfleisch oder Schweinefleisch (Suppenfleisch: Rinderbrust oder auch -zunge oder Schweinebauch oder -rippchen)

Für die Sauce

- 1 TL gemahlener Pfeffer
- einige Blätter frischer Liebstöckel
- einige Blätter frischer Oregano
- einige Blätter frische Weinraute
- ½ TL Asant
- 1 EL getrocknete Zwiebel
- 100 ml Weißwein (z. B. trockener Marsala)
- 100 ml Caroenum
- 2 EL Honig
- 2 EL Weinessig
- 2 EL Olivenöl

Zubereitung

Das Rindfleisch in ungesalzenem Wasser mit Karotten, Zwiebeln und Lauch ca. 3 Std. lang garkochen. Währenddessen für die Sauce Liebstöckel, Oregano und Weinraute ganz fein hacken, Pfeffer, Asant und Zwiebel hinzufügen, mit Honig, Essig und Olivenöl anrühren, Caroenum unterrühren und am Ende mit dem Wein abschmecken. Sobald das Fleisch fertig ist, herausnehmen und mit einem Tuch abtrocknen, aufschneiden und mit der kalten Sauce servieren.

Im Originalrezept sind die Karotten, die Zwiebeln und der Lauch nicht angegeben, aber natürlich sollte man auf die Gelegenheit, eine gute Fleischbrühe herzustellen, nicht verzichten. Auch Salz fehlt im Original.

Ius in copadiis | Koteletts mit Sauce[18]

(Apicius 7,6,11)

Mit Schwein, Fisch

Schwierigkeitsgrad:

Zubereitungszeit: 40 Min.

Zutaten für 4 Portionen

- 800 g Schweinekoteletts oder Schweinenackensteaks
- 40 g Mandelstifte
- 10 Datteln
- 1 Zwiebel (gewürfelt)
- 250 ml Traubensaft
- 2 EL Colatura di Alici
- 2 EL Olivenöl
- 1 EL Honig
- 1 EL Essig (Aceto Balsamico)
- 1 TL gemahlener Pfeffer
- 1 EL gemahlener Liebstöckel oder gehackte frische Liebstöckelblätter
- 1 EL feingehackte Petersilie
- 2 EL Olivenöl zum Anbraten des Fleisches

Zubereitung

Den Traubensaft auf etwa ein Drittel einkochen, die Mandelstifte kurz in der Pfanne rösten, bis sie sich goldbraun färben, die Datteln entkernen und kleinhacken, die Zwiebel würfeln. Alles zusammen mit den Gewürzen außer der Petersilie in einen Topf geben und ca. 5–10 Min. auf kleiner Flamme kochen lassen. Alternativ kann man auch den Traubensaft in den Topf geben, ohne ihn vorher einzukochen, und die Sauce so lange kochen lassen, bis sie etwa so zähflüssig wie Honig ist.

Währenddessen gibt man 2 EL Olivenöl in eine ausreichend große Pfanne und brät die Koteletts darin auf mittlerer Flamme (ca. 10 Min.; dabei immer wieder wenden).

Die fertigen Koteletts mit der Sauce übergießen, mit der gehackten Petersilie bestreuen und servieren.

Porcellum hortolanum | Gartenspanferkel

(Apicius 8,7,14)

Mit Schwein, Geflügel, Schnecken, Fisch

Schwierigkeitsgrad: 5/5

Zubereitungszeit: 240 Min.

Zutaten für ca. 16 Portionen

- kleines Spanferkel (5–6 kg), evtl. schon entbeint

Für die Füllung

- Leber, Zunge und Herz des Spanferkels
- 1 Hähnchen
- 2 Wachteln
- 4 Lukanische Würste (oder kräftig gewürzte grobe Bratwürste)
- 30 Datteln
- 4 Gemüsezwiebeln
- 24 vorgekochte Weinbergschnecken ohne Haus
- 50 g Malvenblätter (geschnitten und getrocknet)
- 2 Stangen Lauch
- 4 vorgekochte und geschälte Rote Beten
- 1 kleiner Sellerie mit Blättern
- ca. 250 g Rosenkohl oder Wirsing
- eine Handvoll frische Korianderblätter
- 2 EL Pfeffer (ganze Körner)
- 200 g Pinienkerne
- 100 ml Colatura di Alici
- 1 EL gemahlener Pfeffer
- 16 Eier

Für die Sauce

- 1 EL gemahlener Pfeffer
- einige feingehackte Blätter frische Weinraute
- 4 EL Colatura di Alici
- 500 ml Passum
- 4 EL Honig
- 4 EL Olivenöl
- 2 EL Speisestärke

Zubereitung

Das Spanferkel vom Hals her entbeinen, so dass die Form der eines Schlauchs ähnelt. Einige Fleischstücke des Spanferkels für die Füllung zur Seite legen.

Das Hähnchen entbeinen und ebenso wie Leber, Zunge und Herz des Spanferkels in mundgerechte Stücke schneiden, die Datteln entsteinen, die Gemüsezwiebeln, Rote Beten und die Sellerieknolle würfeln, die Lauchstangen in Scheiben schneiden, Selleriestängel, -blätter und Korianderblätter kleinschneiden. Alle Zutaten der Füllung mischen und in das Spanferkel füllen, die Eier aufschlagen, verquirlen und über die Füllung gießen.

Das Spanferkel zunähen, in den auf 150 °C vorgeheizten Backofen geben und ca. 180 Min. garen – oder aber auf einem geeigneten Grill am Spieß grillen; dabei oft mit Olivenöl bestreichen.

Kurz bevor das Spanferkel fertig ist, die Sauce in einem Topf anrühren, aufkochen und ca. 10 Min. köcheln lassen, danach mit Speisestärke binden.

Sobald das Spanferkel gar ist, auf die Servierplatte legen, am Rücken aufschneiden und mit der Sauce übergießen. Noch einige Minuten mit der Sauce ruhen lassen.

Dies ist wohl das aufwendigste Gericht, das im römischen Kochbuch des Apicius zu finden ist. Man kann es nur mit einem ganzen Spanferkel zubereiten. Eine ganz ähnliche Zubereitung einer mit Würsten gefüllten Sau findet man im Gastmahl des Trimalchio aus dem »Satyricon« des Petronius[19]. Der Aufwand, das Gartenspanferkel zuzubereiten, ist erheblich: Zunächst benötigt man einen ausreichend großen Grill oder – wie es im Original angegeben ist – einen großen Backofen, dann soll man das Spanferkel vom Hals her entbeinen, was man wahrscheinlich am besten vom Metzger machen lässt. Auch die Zutaten, die man für die Füllung benötigt, haben es in sich.

Die Belohnung für den Aufwand ist ein Festtagsschmaus, der sich sehen lassen und mit dem man eine große Anzahl von Gästen fürstlich bewirten kann.

Porcellum coriandratum | Spanferkel mit Koriandersauce (Apicius Exc. 20)

Mit Schwein, Fisch

Schwierigkeitsgrad: 4 von 4

Zubereitungszeit: 200 Min.

Zutaten für 12 Portionen

- 1 kleines Spanferkel oder 2,5–3 kg Spanferkelrollbraten
- 100 g Rosinen
- 100 g Pinienkerne
- 1 kleine Zwiebel

Für die Sauce

- 1 EL gemahlener Pfeffer
- 2 EL getrocknete Dillspitzen
- 2 EL gerebelter Oregano
- eine Handvoll frische Korianderblätter
- 2 EL Honig
- 200 ml Rotwein (z. B. Chianti)
- 4 EL Colatura di Alici
- 4 EL Olivenöl
- 2 EL Rotweinessig
- 4 EL Defrutum

Zubereitung

Das Spanferkel bzw. den Rollbraten langsam am Spieß oder auf dem Rost grillen.

Den frischen Koriander feinhacken und mit den übrigen Zutaten für die Sauce in einen Topf geben und gut verrühren. Die Sauce aufkochen und dann 20 Min. auf mittlerer Flamme etwas einkochen lassen.

Wenn der Rollbraten bzw. das Spanferkel fertig ist, in Portionen zerlegen, mit der Sauce übergießen, mit Rosinen, Pinienkernen und gehackter Zwiebel bestreuen und servieren.

Die Kombination von Rosinen oder Pflaumen, Pinienkernen und frischem Koriander taucht auch in einigen anderen Rezepten des römischen Kochbuchs auf und wird dort gelegentlich als »alexandrinisch« bezeichnet, was auf einen ägyptischen Ursprung hindeutet. Auch in der modernen orientalischen Küche finden sich ähnliche Kombinationen.

Agnum simplicem | Einfaches Lamm (gekocht)

(Apicius Exc. 27)

Mit Lamm, Fisch

Schwierigkeitsgrad:

Zubereitungszeit: 70 Min.

Zutaten für 4 Portionen

- 1 kg Lammkoteletts
- 100 ml Olivenöl
- 3 EL Colatura di Alici
- 100 ml Weißwein
- 1 Stange Lauch
- einige Blätter frischer Koriander

Zubereitung

Die Lammkoteletts gründlich abspülen, den Lauch putzen und kleinschneiden, den Koriander feinhacken, alle Zutaten in den Topf geben und aufkochen lassen. Ca. 60 Min. unter gelegentlichem Umrühren auf mittlerer Flamme kochen lassen und servieren.

Dieses Rezept ist natürlich nicht sehr einfallsreich, weder was die Zutaten noch was die Zubereitung betrifft. Die Kombination von Lauch und Koriander kommt in mehreren Rezepten aus dem römischen Kochbuch vor und war relativ beliebt.

Leporem farsum | Gefüllter Hase (Apicius 8,8,3)

Mit Hase, Fisch (ggf. mit Rind, Schwein)

Schwierigkeitsgrad:

Zubereitungszeit: 150 Min.

Zutaten für 6 Portionen

- 1 Hase (gehäutet und ausgenommen)
- 2 l Milch
- 100 ml Colatura di Alici
- 1 TL gemahlener Pfeffer
- 1 TL Asant

Für die Füllung

- Fleisch vom Hasen selbst (Herz, Leber etc., ersatzweise 250 g gemischtes Hackfleisch)
- 100 g Pinienkerne
- 100 g Mandeln
- 100 g gehackte Walnüsse
- 2 EL Pfeffer (ganze Körner)
- 4 Eier

Für die Sauce

- einige Blätter frische Weinraute
- 1 TL gemahlener Pfeffer
- 2 Zwiebeln
- 2 EL Colatura di Alici
- 2 EL Bohnenkraut (getrocknet und gerebelt)
- 20 Datteln (entsteint)
- 400 ml Caroenum oder Würzwein

Zubereitung

Den Hasen am Vortag in eine Schüssel mit Milch geben, um seinen strengen Geschmack abzumildern. Danach aus der Schüssel nehmen und mit Wasser abspülen. Die Füllung aus den angegebenen Zutaten vorbereiten und den Hasen damit füllen.

Den Hasen in einen Römertopf oder Gänsebräter legen, mit einer Mischung aus Colatura di Alici, Pfeffer und Asant übergießen und im vorgeheizten Backofen bei 220°C ca. 120 Min. garen.

Kurz bevor der Hase fertig ist, die Sauce vorbereiten: die Zwiebeln in Scheiben schneiden, mit den übrigen Zutaten in einen Topf geben und aufkochen lassen. Die Sauce ca. 30 Min. lang auf kleiner Flamme im offenen Topf einkochen lassen, bis sie dickflüssig wird.

Den Hasen aus dem Sud nehmen, zerlegen, zusammen mit dem Sud auf einer Platte anrichten. Die Sauce in eine Sauciere umfüllen und mit dem Hasen servieren.

Pulmentaria

Beilagen

Panis depsticius | Knetbrot (Cato, De agri cultura 74)

Vegan

Schwierigkeitsgrad:

Zubereitungszeit: 40 Min.

Zutaten für 4 Portionen (als Beilage)

- 400 g Weizenmehl
- 200 ml Wasser

Zubereitung

Das Mehl unter langsamer Zugabe von Wasser zu einem Teig verkneten, der außen nicht mehr klebrig sein sollte. Diesen Teig zu einem Laib Brot formen und in einer geschlossenen Ton- oder Glasschüssel ca. 30 Min. bei 200 °C backen.

Cato erwähnt in seinem Rezept keinerlei Backtriebmittel, also weder Sauerteig noch Hefe. Auch fügt er weder Salz noch Honig hinzu, so dass das Ergebnis heutigen Essern relativ geschmacklos vorkommt. Es eignet sich jedoch durchaus als Beilage zu kräftig gewürzten Speisen. Das Brot wird sehr fest und sollte möglichst frisch verspeist werden.

Cucurbitas more Alexandrino | Kürbisse auf alexandrinische Art (Apicius 3,4,3)

Mit Fisch (oder vegan)

Schwierigkeitsgrad:

Zubereitungszeit: 60 Min.

Zutaten für 4 Portionen (als Beilage)

- 1 Kürbis (ca. 1 kg)
- ½ TL Salz

Für die Sauce

- ½ TL gemahlener Pfeffer
- 1 TL Kumin (Kreuzkümmel)
- 1 EL gemahlener Koriander
- einige Blätter frische Minze
- ½ TL Asant
- 2 EL Essig
- 10 entkernte Datteln
- 100 g Pinienkerne
- 1 EL Honig (oder Defrutum)
- 2 EL Colatura di Alici (oder ½ TL Salz mit 2 EL Weißwein)
- 1 EL Defrutum
- 2 EL Olivenöl

Zubereitung

Den Kürbis schälen, würfeln, in ungesalzenes Wasser geben, aufkochen lassen und ca. 10 Min. auf kleiner Flamme kochen, so dass er noch fest bleibt. Die Kürbisstücke aus dem Wasser nehmen, das Wasser vollständig abtropfen lassen, die Kürbisstücke auspressen (dazu am besten in ein Küchentuch einwickeln), in eine Pfanne legen und mit Salz bestreuen.

Die Sauce aus den übrigen Zutaten vorbereiten; dazu die Minze kleinschneiden und mit Datteln und Pinienkernen unter Zugabe von Essig mit dem Stabmixer oder im Mörser pürieren. Die Sauce schließlich mit Honig, Colatura di Alici, Defrutum und Olivenöl anrühren und über die Kürbisstücke gießen. Alles zusammen aufkochen und ca. 5 Min. lang ziehen lassen – dabei die Kürbisstücke einige Male wenden – und servieren.

Das »Alexandrinische« dieser Sauce ist wohl die Kombination von Datteln, Pinienkernen und Koriander. In anderen Rezepten des römischen Kochbuchs werden Rezepte mit vergleichbaren Zutatenkombinationen ebenfalls als alexandrinisch bezeichnet. Die moderne orientalische Küche bietet Rezepte mit ähnlichen Kombinationen von Zutaten.

Aliter cucumeres | Gurkensalat auf andere Art

(Apicius 3,6,3)

Mit Fisch (oder vegan)

Schwierigkeitsgrad:

Zubereitungszeit: 20 Min.

Zutaten für 4 Portionen (als Beilage)

- 1 kg Schmorgurken oder Zucchini

Für das Dressing

- ½ TL Pfeffer
- einige Blätter frische Poleiminze oder andere Minze
- ½ TL Asant
- 1 EL Honig oder Passum
- 1 EL Colatura di Alici (oder ½ TL Salz mit 1 EL Weißwein)
- 1 EL Essig

Zubereitung

Die Gurke bzw. die Zucchini schälen, halbieren und entkernen, in fingerdicke Scheiben schneiden und in eine Pfanne geben, mit Wasser ca. 10 Min. kochen lassen. In der Zwischenzeit das Dressing aus den übrigen Zutaten zusammenrühren. Sobald die Gurken bzw. Zucchini gekocht sind, das Wasser abgießen, sie in eine Salatschüssel geben und mit dem Dressing anrichten.

Cymas | Brokkoli, Blumenkohl oder Rosenkohl

(Apicius 3,9,1)

Vegan

Schwierigkeitsgrad:

Zubereitungszeit: 45 Min.

Zutaten für 4 Portionen (als Beilage)

- 600 g Brokkoli, Blumenkohl oder Rosenkohl
- 1 TL Kumin (Kreuzkümmel)
- ½ TL Salz
- 100 ml Weißwein (am besten Marsala)
- 100 ml Olivenöl

Zubereitung

Den Kohl in ungesalzenem Wasser ca. 20 Min. lang garkochen. Den Kohl kleinschneiden (bei Rosenkohl die Röschen halbieren oder vierteln) und in eine Salatschüssel geben. Das Dressing aus Kumin, Salz, Wein und Öl anrühren, den Kohlsalat damit anmachen und servieren.

Es handelt sich hier um ein kaltes Dressing für gekochten oder ungekochten Kohlsalat. Auf welche Kohlart sich das Originalrezept genau bezieht, ist nicht bekannt. Viele der heute bekannten Kohlarten wurden jedoch relativ spät, erst etwa ab dem 16. Jahrhundert, aus früheren Formen gezüchtet. Auch heute sind einige frühe Formen noch von lokaler Bedeutung, insbesondere in Griechenland. Unser Rezept ist wohl zur Zubereitung junger Sprossen solcher Kohlarten gedacht, eignet sich aber genauso gut für Blumenkohl und insbesondere für Brokkoli.

Culiculi elixati | Kleine gekochte Kohlköpfe

(Apicius 3,9,3–6)

Mit Fisch (oder vegan)

Schwierigkeitsgrad: ❦ ❦ ❦

Zubereitungszeit: 45 Min.

Zutaten für 4 Portionen (als Beilage)

- 600 g Rosenkohl oder Blumenkohl
- 1 EL Colatura di Alici (oder ½ TL Salz)
- 2 EL Olivenöl
- 1 EL würziger Weißwein (z. B. trockener Marsala)
- 1 TL Kumin (Kreuzkümmel)
- 1 Lauchzwiebel
- 4–5 frische Korianderblätter

Variante 1

- 1 Stange Lauch

Variante 2

- ca. 20 entsteinte grüne Oliven

Variante 3

- 100 g Dinkel (geschält oder geschliffen)
- 100 g Pinienkerne
- 100 g Rosinen
- etwas Pfeffer zum Bestreuen

Zubereitung Grundrezept

Den Rosenkohl oder Blumenkohl in Salzwasser garkochen (ca. 20 Min.). Den Kohl aus dem Wasser nehmen, in mundgerechte Stücke zerteilen und in eine Pfanne geben, die Gewürzsauce aus Colatura di Alici, Olivenöl, Wein und Kumin über den Kohl geben, den Kohl darin ca. 5 Min. schmoren lassen, Lauchzwiebel und Korianderblätter feinhacken und den Kohl damit und mit einer Prise Kumin bestreuen und servieren.

Variante 1:

Den Lauch in Scheiben schneiden und den Kohl damit zusammen kochen (ca. 20 Min.). Ansonsten wie im Grundrezept angegeben.

Variante 2:

Den Kohl zusammen mit den entsteinten grünen Oliven kochen (ca. 20 Min.). Ansonsten wie im Grundrezept angegeben.

Variante 3:

Dinkelkörner in Wasser garkochen (15–30 Min.), mit Pinienkernen und Rosinen mischen, über den nach dem Grundrezept zubereiteten Kohl geben, Pfeffer darüberstreuen und servieren.

Besonders interessant ist der Vorschlag, den fertigen Kohl mit einer Haube aus Grütze, Pinienkernen und Rosinen zu bedecken. Auf der einen Seite verleiht das dem sehr bodenständigen Kohlrezept eine exotische Note, auf der anderen Seite führt es den Genießer zunächst auf eine falsche Spur, wenn man den Kohl geschickt unter der Schicht versteckt.

Aliter olus molle | Weiches Gemüse auf andere Art (Apicius 3,15,2)

Mit Fisch (oder vegan)

Schwierigkeitsgrad:

Zubereitungszeit: 30 Min.

Zutaten für 4 Portionen (als Beilage)

- 1 große Sellerieknolle
- 1 EL Natron (Natriumhydrogencarbonat)

Für die Sauce

- ½ TL Pfeffer
- einige Blätter frischer Liebstöckel
- einige Blätter frischer Oregano
- 1 kleine Zwiebel
- 100 ml würziger Weißwein (z. B. trockener Marsala)
- 1 EL Colatura di Alici (oder ½ TL Salz)
- 2 EL Olivenöl

Zubereitung

Die Sellerieknolle schälen, vierteln und in Wasser mit Natron ca. 20 Min. lang garkochen. Währenddessen das Olivenöl in einem Topf erhitzen, die Zwiebel würfeln und im Olivenöl anschmoren, Liebstöckel und Oregano hacken und hinzufügen, mit Wein und Colatura di Alici ablöschen und den gemahlenen Pfeffer hinzufügen. Die Sauce ca. 5 Min. lang kochen lassen. Wenn der Sellerie fertig ist, aus dem Wasser nehmen, auspressen, kleinschneiden und mit der heißen Sauce servieren.

Intuba | Endivien (Apicius 3,18,1)

Mit Fisch

Schwierigkeitsgrad:

Zubereitungszeit: 10 Min.

Zutaten für 4 Portionen (als Beilage)

- 1 Kopf Endiviensalat
- 1 EL Colatura di Alici (oder ½ TL Salz mit 1 EL Weißwein)
- 2 EL Olivenöl
- 2 EL würziger Weißwein (z. B. trockener Marsala)
- 1 kleine Zwiebel

Zubereitung

Den Endiviensalat reinigen und kleinschneiden. Das Dressing aus den übrigen Zutaten mischen, in die Schüssel mit dem Endiviensalat geben, gut durchmischen und servieren.

Alternativ kann man statt dem Dressing 100 ml »Embamma« (S. 48) oder eine Mischung aus 4 EL Honig und 2 EL scharfem Essig verwenden.

Caroetae frictae | Gebratene Karotten

(Apicius 3,21,1)

Mit Fisch (oder vegan)

Schwierigkeitsgrad:

Zubereitungszeit: 15 Min.

Zutaten für 4 Portionen (als Beilage)

- 4 mittelgroße Karotten
- 200 ml Olivenöl
- 100 ml Weißwein
- 2 EL Colatura di Alici (oder ½ TL Salz)

Zubereitung

Die Karotten in sehr dünne Scheiben schneiden. Das Olivenöl in einer großen Pfanne erhitzen und die Karotten darin auf mittlerer Flamme unter gelegentlichem Wenden frittieren. Inzwischen aus Weißwein und Colatura di Alici ein Dressing anrühren. Sobald die Karotten fertig sind, aus der Pfanne nehmen, das verbliebene Öl abtropfen lassen und mit dem Dressing servieren.

Aliter caroetas (1) | Karottensalat (Apicius 3,21,2)

Vegan

Schwierigkeitsgrad:

Zubereitungszeit: 40 Min.

Zutaten für 4 Portionen (als Beilage)

- 4 kleine Karotten

Für das Dressing

- ½ TL Salz
- 2 EL Olivenöl
- 1 EL Essig

Zubereitung

Die Karotten putzen und in ganz dünne Streifen schneiden. Das Dressing aus Salz, Öl und Essig in einer Salatschüssel anrühren, die Karotten dazugeben, mehrmals wenden und etwa 30 Min. lang ziehen lassen.

Beim Dressing dieses Karottensalates handelt es sich ganz offensichtlich um das klassische Salatdressing, das sich auch in der antiken römischen Küche bereits bewährt hat.

Aliter caroetas (2) | Karotten in Kuminöl

(Apicius 3,21,3)

Vegan

Schwierigkeitsgrad:

Zubereitungszeit: 20 Min.

Zutaten für 4 Portionen (als Beilage)

- 4 mittelgroße Karotten

Für das Dressing

- 1 EL Kumin (Kreuzkümmel)
- 4 EL Olivenöl

Zubereitung

Die Karotten putzen, in dünne Scheiben schneiden und in Wasser ca. 15 Min. lang kochen. Danach durch ein Sieb abtropfen lassen. Olivenöl und Kumin in den Topf geben, verrühren und erhitzen. Die vorgekochten Karotten hinzufügen, nochmals etwa 5–10 Min. lang auf kleiner Flamme schmoren und dann servieren.

Pulmentarium ad ventrem | Beilage für die Verdauung (Apicius 3,2,1)

Mit Fisch (oder vegan)

Schwierigkeitsgrad:

Zubereitungszeit: 40 Min.

Zutaten für 4 Portionen (als Beilage)

- 4 kleine frische Rote Beten
- 2 Stangen Lauch
- ½ TL gemahlener Pfeffer
- 1 TL gemahlener Kumin (Kreuzkümmel)
- 2 EL Colatura di Alici (oder ½ TL Salz)
- 100 ml Passum

Zubereitung

Die Roten Beten putzen, in Salzwasser ca. 30 Min. vorgaren, schälen und würfeln. Den Lauch von den äußeren Blättern befreien, putzen und in Scheiben schneiden. Rüben und Lauch in ungesalzenem Wasser aufkochen und ca. 10 Min. auf mittlerer Flamme kochen lassen, dann das Wasser durch ein Sieb abgießen, Rüben und Lauch abtropfen lassen und in eine Pfanne geben. Pfeffer, Kümmel, Colatura di Alici und Passum hinzufügen, aufkochen lassen und servieren.

Fabaciae virides et Baianae | Grüne Dicke Bohnen (Puffbohnen) bzw. Bajanische Bohnen (Apicius 5,6,1)

Mit Fisch (oder vegan)

Schwierigkeitsgrad:

Zubereitungszeit: 30 Min.

Zutaten für 4 Portionen (als Beilage)

- 500 g frische Dicke Bohnen
- 1 kleine Lauchstange
- einige frische Korianderblätter
- 1 TL Kumin (Kreuzkümmel)
- 2 EL Colatura di Alici (oder 1 TL Salz)
- 3 EL Olivenöl

Zubereitung

Den Lauch putzen und kleinschneiden, die Korianderblätter hacken. Die Bohnen mit Lauch, Koriander und den übrigen Zutaten in einen Topf geben, mit Wasser auffüllen, so dass die Bohnen knapp bedeckt sind. Kurz aufkochen lassen, dann bei geschlossenem Deckel ca. 20 Min. auf kleiner Flamme weiterköcheln lassen. Das Wasser abgießen, etwas Olivenöl darüberträufeln und servieren.

Faseoli virides et cicer | Bohnen- bzw. Kichererbsensalat (Apicius 5,8,1)

Vegan

Schwierigkeitsgrad:

Zubereitungszeit: 30 Min.

Zutaten für 4 Portionen (als Beilage)

- 500 g Augenbohnen oder Kichererbsen
- ½ TL Salz
- 1 TL Kumin (Kreuzkümmel)
- 1 EL Olivenöl
- 2 EL Weißwein (z. B. trockener Marsala)

Zubereitung

Die Bohnen bzw. Kichererbsen am Vorabend zum Einweichen in eine Schüssel Wasser geben und dann in ungesalzenem Wasser garkochen (zu den Kochzeiten die Angaben auf dem Produkt beachten. Die Garzeiten liegen für Augenbohnen bei ca. 60 Min., für Kichererbsen bei ca. 120 Min.). Sobald sie gar sind, das Wasser durch ein Sieb abtropfen lassen und die Bohnen als Salat mit einer Mischung aus Salz, Kumin, Olivenöl und Weißwein anrichten und warm oder kalt servieren.

Porros maturos fieri | Zubereitung von reifem Lauch (Apicius 3,10,1)

Mit Fisch (oder vegan)

Schwierigkeitsgrad:

Zubereitungszeit: 25 Min.

Zutaten für 4 Portionen

- 3–4 Lauchstangen
- 1 l Wasser
- 1 TL Salz
- 4 EL Olivenöl
- 2 EL Colatura di Alici (oder ½ TL Salz)
- 2 EL Weißwein (z. B. trockener Marsala)

Zubereitung

Den Lauch entweder ganz oder in Scheiben geschnitten in reichlich Salzwasser (ca. 1 TL Salz auf 1 l Wasser) garkochen (ca. 20 Min). Das Wasser abgießen. Das Dressing aus Olivenöl, Colatura di Alici und Weißwein mischen und damit den Lauch anrichten, sobald er gar ist.

Aliter porros | Lauch mit Waldbeeren

(Apicius 3,10,3)

Mit Fisch (oder vegan)

Schwierigkeitsgrad:

Zubereitungszeit: 25 Min.

Zutaten für 4 Portionen

- 2–3 Lauchstangen
- 1 l Wasser
- 1 TL Salz
- 2 EL Olivenöl
- 1 EL Colatura di Alici (oder ½ TL Salz)
- 150–200 g Waldbeeren (Brombeeren, Heidelbeeren, Himbeeren, Erdbeeren, auch gefroren)
- 2 EL Weißwein (z. B. trockener Marsala)

Zubereitung

Den Lauch entweder ganz oder in Scheiben geschnitten in reichlich Salzwasser (ca. 1 TL Salz auf 1 l Wasser) garkochen (ca. 15 Min.). Das Wasser abgießen und die Beerenmischung sowie Olivenöl, Colatura di Alici und Weißwein hinzufügen, den Lauch in der Sauce nochmals kurz aufkochen lassen und servieren.

Betas | Rote Beten (Apicius 3,11,1)

Mit Fisch (oder vegan)

Schwierigkeitsgrad:

Zubereitungszeit: 60 Min.

Zutaten für 4 Portionen

- 2 Stangen Lauch
- 4 kleine Rote Beten
- 100 g Rosinen
- einige Blätter frischer Koriander
- 50 g Weizenmehl
- 1 TL gemahlener Kumin (Kreuzkümmel)
- 1 EL Colatura di Alici (oder ½ TL Salz)
- 1 EL Olivenöl
- 1 EL Essig

Zubereitung

Die ungeschälten Roten Beten in ungesalzenem Wasser ca. 30–45 Min. lang garkochen, bis sie sich gut schälen lassen, dann schälen und das Fruchtfleisch mit dem Stabmixer pürieren. Den Lauch in Scheiben schneiden, den Koriander hacken und beides zusammen mit Kumin und Rosinen mit dem Mark der Roten Beten in einen Topf geben. Alles zusammen kurz aufkochen lassen und ca. 15 Min. auf kleiner Flamme kochen, das Weizenmehl langsam mit einem Schneebesen unterrühren. Abschließend Colatura di Alici, Olivenöl und Essig hinzufügen, gut umrühren, servieren.

Aliter betas elixas | Gekochte Rote Beten auf andere Art (Apicius 3,11,2)

Vegan

Schwierigkeitsgrad: ❦ ❦ ❦

Zubereitungszeit: 50 Min.

Zutaten für 4 Portionen

- 4 nicht zu kleine Rote Beten
- 1 TL gemahlene Senfsaat
- 1 EL Olivenöl
- 1 EL Essig

Zubereitung

Die ungeschälten Roten Beten ca. 45 Min. lang in Salzwasser garkochen, aus dem Wasser nehmen, schälen und würfeln. Den gemahlenen Senf mit Olivenöl und Essig anrühren und zu den Roten Beten servieren.

Patella ex olisatro | Schwarzkohlpfanne

(Apicius 4,2,19)

Mit Fisch (oder vegan)

Schwierigkeitsgrad:

Zubereitungszeit: 45 Min.

Zutaten für 4 Portionen

- 500 g Schwarzkohl
- 1 EL Natron
- ½ TL gemahlener Pfeffer
- 1 EL gemahlener Liebstöckel
- 1 EL gerebelter Koriander
- 1 EL gerebeltes Bohnenkraut
- 1 Zwiebel
- 2 EL Weißwein
- 2 EL Colatura di Alici (oder 1 TL Salz)
- 1 EL Essig
- 2 EL Olivenöl
- 1 EL Speisestärke
- einige Stängel frischer Thymian

Zubereitung

Den Kohl in Wasser mit Natron ca. 20 Min. lang garkochen. Das Wasser abgießen, den Kohl auspressen und in eine Pfanne geben. Die Zwiebel würfeln und mit den anderen Gewürzen außer Thymian und Speisestärke hinzufügen und zusammen aufkochen lassen, dann ca. 10 Min. lang auf kleiner Flamme kochen. Danach die verbliebene Flüssigkeit mit Speisestärke binden, den Thymian feinhacken, darüberstreuen und servieren.

Lenticulam de castaneis | Linsen mit Esskastanien (Apicius 5,2,2)

Mit Fisch (oder vegan)

Schwierigkeitsgrad:

Zubereitungszeit: 60 Min.

Zutaten für 4 Portionen

- 200 g kochfertige, geschälte rote Linsen
- 150 g geschälte Esskastanien
- 1 EL Natron
- 1 TL Pfeffer
- 1 TL Kumin (Kreuzkümmel)
- 1 TL Koriandersamen
- 1 TL Minze
- 1 TL Rautenblätter
- ½ TL Asant
- 1 TL Poleiminze (kann durch normale Minze ersetzt werden)
- 2 EL Essig
- 1 EL Honig (oder Defrutum)
- 1 EL Colatura di Alici (oder ½ TL Salz)
- 2 EL Olivenöl

Zubereitung

Die pelzige Haut der Kastanien entfernen und sie in Wasser mit Natron ca. 30 Min. kochen lassen. Die Gewürze mischen, mit Honig und Colatura anrühren und die gargekochten Kastanien sowie das Öl hinzufügen. Noch einmal kurz aufkochen lassen, vom Feuer nehmen und pürieren. In der Zwischenzeit die Linsen aufsetzen und in 5–10 Min. garkochen. Sobald die Linsen gar sind, das Wasser abschütten, die pürierten Kastanien hinzufügen, umrühren und servieren.

Dieses Gericht ist insofern bemerkenswert, als es das einzige bei Apicius ist, in dem Kastanien als Zutat Verwendung finden. Es lässt jedoch einigen Interpretationsspielraum offen. Außer im Titel werden die Linsen gar nicht erwähnt, sondern nur die Zubereitung eines Kastanienmuses beschrieben, mit dem die gargekochten Linsen wohl gemischt und serviert werden sollen.

Aliter lenticulam | Linsen auf andere Art

(Apicius 5,2,3)

Mit Fisch (oder vegan)

Schwierigkeitsgrad:

Zubereitungszeit: 30 Min.

Zutaten für 4 Portionen

- 250 g kochfertige, geschälte rote Linsen
- 1 Stange Lauch
- einige Blätter frischer Koriander

Gewürzmischung

- 1 EL gemahlene Koriandersamen
- einige Blätter frische Poleiminze (oder andere Minze)
- ½ TL Asant
- 2 EL Defrutum
- 1 EL Essig
- ½ TL Minzesamen (kann weggelassen werden)
- ½ TL Samen der Weinraute (kann weggelassen werden)

- 1 EL Honig (oder Defrutum)
- 2 EL Colatura di Alici (oder 1 TL Salz)
- 1 EL Olivenöl
- 1 EL Speisestärke
- 2 EL grünes Olivenöl
- etwas Pfeffer zum Bestreuen

Zubereitung

Die Linsen 5 Min. lang in ungesalzenem Wasser kochen, wobei sie gut bedeckt sein müssen. Das Wasser abschütten, aber etwas Wasser im Topf lassen, Lauch und Koriander kleinschneiden und zusammen mit der Gewürzmischung zu den Linsen geben. Damit zusammen noch weitere ca. 5–10 Min. auf kleiner Flamme kochen und regelmäßig umrühren. Falls keine Flüssigkeit mehr vorhanden ist, etwas Wasser nachgießen. Die verbliebene Flüssigkeit mit Speisestärke binden, in eine Servierschüssel umfüllen, mit grünem Olivenöl beträufeln und servieren.

Minze- und besonders Weinrautensamen sind als Lebensmittel nur schwer zu finden. Man erhält zwar entsprechendes Saatgut, sollte dieses jedoch nur verwenden, um die Pflanzen selbst zu ziehen.

Pisum | Erbsen (Apicius 5,3,1)

Mit Fisch (oder vegan)

Schwierigkeitsgrad:

Zubereitungszeit: 20 Min.

Zutaten für 4 Portionen

- 400 g frische Erbsen
- 1 Stange Lauch
- einige Blätter frischer Koriander
- 1 TL Kumin (Kreuzkümmel)
- ½ TL gemahlener Pfeffer
- 1 EL gemahlener Liebstöckel
- 1 TL gemahlener Kümmel
- 1 EL Dill
- einige Blätter frisches Basilikum
- 2 EL Colatura di Alici (oder 1 TL Salz)
- 2 EL Weißwein

Zubereitung

Die Erbsen ca. 10 Min. lang in ungesalzenem Wasser kochen und danach das Wasser abgießen. Den Lauch und Koriander kleinschneiden und mit Kumin zu den Erbsen geben. Pfeffer, Liebstöckel, Kümmel, Dill und frisches Basilikum hinzufügen. Colatura di Alici und Wein dazugeben und kurz aufkochen lassen, gut umrühren, abschmecken und servieren.

Es handelt sich hier um eines der wenigen Rezepte aus dem römischen Kochbuch, in dem das inzwischen so beliebte Basilikum Verwendung findet.

Bulbos | Gemüsezwiebeln (Apicius 7,14,2)

Mit Fisch (oder vegan)

Schwierigkeitsgrad: ♛ ♛ ♛

Zubereitungszeit: 30 Min.

Zutaten für 4 Portionen

- 2 große Gemüsezwiebeln
- 3–4 EL Olivenöl
- 1 EL Thymian
- 1 TL Poleiminze (oder normale Minze)
- ½ TL Pfeffer
- 1 TL Oregano
- 1 EL Honig (oder Defrutum)
- 1 EL Essig
- 1 TL Colatura di Alici (oder ½ TL Salz)

Zubereitung

Die Gemüsezwiebeln schälen und zerstampfen oder würfeln und ca. 10–15 Min. in Wasser kochen. Danach das Öl in einer Pfanne erhitzen, die gekochten Zwiebeln aus dem Wasser nehmen, gut abtropfen lassen und in das heiße Öl geben. In der Zwischenzeit die Sauce aus den übrigen Zutaten anrühren und zu den Zwiebeln in die Pfanne geben, kurz aufkochen lassen und servieren. Die Zwiebeln im Öl nur kurz (ca. 5 Min. auf mittlerer Flamme) schmoren, damit sie nicht zu dunkel werden.

Boletos fungos | Champignons (Apicius 7,15,4)

Vegan

Schwierigkeitsgrad:

Zubereitungszeit: 30 Min.

Zutaten für 4 Portionen (als Beilage)

- 500 g Champignons
- 200 ml Caroenum
- ein Bund oder eine Handvoll Blätter frischer Koriander

Zubereitung

Die Champignons putzen, in Scheiben schneiden und in eine Pfanne legen. Caroenum hinzugießen, den Bund Koriander hineinlegen und unter ständigem Rühren aufkochen lassen, dann auf mittlerer Flamme ca. 10 Min. lang kochen.

Boletos aliter | Champignons auf andere Art

(Apicius 7,15,5)

Mit Fisch (oder vegan)

Schwierigkeitsgrad:

Zubereitungszeit: 30 Min.

Zutaten für 4 Portionen (als Beilage)

- 500 g Hüte von kleinen Champignons
- 4 TL Colatura di Alici (oder ½ TL Salz mit 4 TL Weißwein)

Zubereitung

Die Hüte der Champignons ganz oder in Scheiben geschnitten mit Colatura di Alici beträufeln, ca. 20 Min. ziehen lassen und servieren.

Ein noch einfacheres Rezept wird man im römischen Kochbuch wahrscheinlich vergeblich suchen. Dennoch wird gerade bei diesen einfachen Rezepten klar, wie modern und auf das Wesentliche reduziert die römische Haute Cuisine bereits sein konnte.

Tubera | Trüffel (Apicius 7,16,1)

Mit Fisch (oder vegan)

Schwierigkeitsgrad:

Zubereitungszeit: 30 Min.

Zutaten für 4 Portionen

- 4 Trüffeln
- etwas Salz zum Bestreuen

Für die Sauce

- 1 EL Olivenöl
- 1 EL Colatura di Alici (oder ½ TL Salz)
- ½ TL Pfeffer
- 2 EL Caroenum
- 2 EL würziger Weißwein (z. B. trockener Marsala)
- 1 EL Honig (oder Defrutum)
- Speisestärke

Zubereitung

Die Trüffeln schälen oder mit einer Bürste putzen und in ungesalzenem Wasser ca. 5 Min. kochen. Danach die Trüffeln mit Salz bestreuen, auf Spieße stecken und vorsichtig grillen. Inzwischen die Zutaten für die Sauce außer der Speisestärke in einen Topf geben, aufkochen und einige Minuten auf kleiner Flamme köcheln lassen. Etwas Sauce mit der Speisestärke anrühren und die Sauce damit binden. Sobald die Trüffeln nach einigen Minuten fertiggegrillt sind, auf einer Platte anrichten und mit der Sauce servieren.

Ob Trüffeln geschält werden sollten oder nicht, darüber sind sich die Kochexperten weitgehend uneins. Apicius empfiehlt jedenfalls, sie zu schälen. Natürlich geht Apicius weder besonders sparsam noch sehr behutsam mit den Trüffeln um, und moderne Gourmets werden daher beim Durchlesen dieses Rezeptes wahrscheinlich die Hände über dem Kopf zusammenschlagen.

Zweifellos ist dies – jedenfalls in unserer heutigen Zeit – mit Abstand das teuerste Rezept in diesem Kochbuch. Allerdings kann man bei uns Sommertrüffeln zu moderaten Preisen auch von Versandhändlern beziehen.

Cucurbitas iure colocasiorum | Kürbisse nach Art von Lotuswurzeln (Apicius 3,4,2)

Mit Fisch (oder vegan)

Schwierigkeitsgrad:

Zubereitungszeit: 40 Min.

Zutaten für 4 Portionen

- 600 g Kürbis

Für die Sauce

- ½ TL gemahlener Pfeffer
- 1 TL Kumin (Kreuzkümmel)
- einige Blätter frische Raute
- 1 EL Essig
- 1 EL Colatura di Alici (oder ½ TL Salz)
- 1 EL Olivenöl
- 1 EL Speisestärke
- etwas gemahlener Pfeffer zum Bestreuen

Zubereitung

Den Kürbis schälen, entkernen und ca. 15 Min. lang in ungesalzenem Wasser kochen. Die Sauce in einem Topf aus den übrigen Zutaten außer der Speisestärke anrühren, den gekochten Kürbis auspressen, in Würfel schneiden und hinzufügen. Kurz aufkochen und ca. 5–10 Min. ziehen lassen, die Sauce mit Speisestärke binden und servieren.

Fast dieselbe Sauce wird in einem anderen Rezept (Apicius 7,17) für Lotuswurzel verwendet. Dort fehlen allerdings der Essig und der gemahlene Pfeffer zum Bestreuen, hier der Honig.

Granea triticea | Weizenmilchbrei

(Cato, De agri cultura 86)

Vegetarisch

Schwierigkeitsgrad:

Zubereitungszeit: ca. 90 Min.

Zutaten für 4 Portionen (als Beilage)

- 200 g geschälter Weizen (ganze Körner)
- 600 ml Milch
- 1 l Wasser

Zubereitung

Die Weizenkörner in Wasser 30 Min. lang kochen. Das Wasser abgießen und die Milch auf kleiner Flamme langsam unterrühren, bis ein dicker Brei entstanden ist. Dabei ständig rühren, damit der Brei nicht anbrennt.

Für dieses Rezept empfiehlt es sich, geschälten Weizen zu verwenden, den man z. B. in türkischen Läden erhält. Andernfalls müsste man, wie Cato es in seinem Rezept beschreibt, die Schale der Weizenkörner im Mörser selbst abreiben, was jedoch relativ mühsam ist. Cato erwähnt in seinem Rezept kein Salz und auch keine sonstigen Gewürze. Natürlich kann man Salz oder Honig oder auch Käse hinzufügen. Dieser Weizenbrei ist ein gutes Beispiel für die archaische römische Küche aus einer Zeit, in der das Brot in Rom noch weitgehend unbekannt bzw. ungebräuchlich war. Nach Plinius dem Älteren gab es dort bis ins Jahr 174 v. Chr. keine professionellen Bäcker. Wenn überhaupt Brot gebacken wurde, dann zu Hause.[20]

Aliter faseolus sive cicer | Augenbohnen oder Kichererbsen auf andere Art (Apicius 5,8,2)

Mit Fisch (oder vegetarisch)

Schwierigkeitsgrad: ⚘ ⚘ ⚘

Zubereitungszeit: 75–135 Min.

Zutaten für 4 Portionen (als Beilage)

- 500 g Augenbohnen oder Kichererbsen
- 4 Eier
- einige Blätter frischer Fenchel
- ½ TL Pfeffer
- 2 EL Colatura di Alici (oder 1 TL Salz mit 2 EL Weißwein)
- 2 EL Caroenum

Zubereitung

Die Bohnen bzw. Kichererbsen am Vortag zum Einweichen in eine Schüssel Wasser geben, dann in ungesalzenem Wasser garkochen (zu den Kochzeiten die Angaben auf dem Produkt beachten. Die Garzeiten liegen für Augenbohnen bei ca. 60 Min., für Kichererbsen bei ca. 120 Min.). Inzwischen die Eier hartkochen (ca. 6–7 Min.), schälen und in Scheiben schneiden. Sobald die Bohnen gar sind, in eine ofenfeste Schüssel geben, die Fenchelblätter feinhacken und mit den übrigen Zutaten außer den Eiern hinzufügen. Schließlich die Bohnen mit den Eierscheiben bedecken. Die Bohnen in den vorgeheizten Backofen stellen und bei 180°C ca. 15 Min. lang unbedeckt backen. Aus dem Ofen nehmen und servieren.

Die genaue Art der Zubereitung, insbesondere, ob man die Eier gekocht oder roh hinzufügen soll, ist im Originalrezept nicht ausgeführt, so dass man dies als unverbindlichen Vorschlag betrachten möge.

Patina de asparagis | Spargelauflauf (Apicius 4,2,6)

Mit Fisch (oder vegetarisch)

Schwierigkeitsgrad:

Zubereitungszeit: 60 Min.

Zutaten für 4 Portionen

- 400 g Spargelenden
- 200 ml aromatischer Weißwein (z. B. trockener Marsala)
- 1 TL Pfeffer
- einige Blätter frischer Liebstöckel
- einige Blätter frischer Koriander
- 1 EL getrocknetes Bohnenkraut
- 1 Zwiebel
- 2 EL Colatura di Alici (oder 1 TL Salz)
- 2 EL Olivenöl
- 4 Eier

Zubereitung

Die Spargelenden zusammen mit etwas Weißwein pürieren, die Zwiebel würfeln, die frischen Gewürze feinhacken und alle Zutaten außer den Eiern hineingeben. Die Eier mit dem Schneebesen schlagen und unterrühren, eine Auflaufform, eine Glasschüssel oder Kasserolle mit Öl auspinseln, die Spargelmasse hineinfüllen und im vorgeheizten Backofen bei 180°C ca. 30 Min. lang backen. Den fertigen Auflauf aus dem Ofen holen, mit Pfeffer bestreuen und servieren.

Auch dieses Rezept enthält im Original einen deutlichen Hinweis darauf, dass es zur Resteverwertung der holzigen Spargelenden gedacht war, die man normalerweise entsorgen würde.

Patina de sambuco calida et frigida | Holunderbeerenomelett (Apicius 4,2,8)

Mit Fisch (oder vegetarisch)

Schwierigkeitsgrad: ❦ ❦ ❦

Zubereitungszeit: 60 Min.

Zutaten für 4 Portionen

- 500 g reife Holunderbeeren
- ½ EL gemahlener Pfeffer
- 2 EL Colatura di Alici (oder 1 TL Salz mit 2 EL Weißwein)
- 2 EL aromatischer Weißwein (z. B. Vin Santo)
- 5 EL Olivenöl
- 3 Eier
- etwas gemahlener Pfeffer zum Bestreuen

Zubereitung

Die Holunderbeeren waschen, die Stängel entfernen, unreife Beeren aussortieren und in ungesalzenem Wasser ca. 10 Min. kochen, dann das Wasser abgießen und die Beeren durch ein Sieb abtropfen lassen. Etwas Öl in eine Pfanne geben, die Holunderbeeren und alle übrigen Zutaten außer den Eiern hinzufügen und das Ganze kurz aufkochen lassen. Die Eier mit dem Schneebesen schaumig schlagen und unterrühren. Auf ganz kleiner Flamme auf dem Herd kochen lassen, bis die Eier gestockt sind.

Dieses Rezept ist deshalb sehr interessant, weil es eines der wenigen im römischen Kochbuch ist, das präzise Mengenangaben für alle Zutaten (außer für die Holunderbeeren!) enthält und somit auf das Aroma der Gewürzmischung schließen lässt. Die hier angegebenen Relationen spiegeln das Originalrezept recht genau wider. Daraus können wir auf jeden Fall schließen, dass die Römer an Pfeffer nicht unbedingt gespart haben.

Concicla Commodiana | Erbsentopf à la Commodus (Apicius 5,4,4)

Mit Fisch (oder vegetarisch)

Schwierigkeitsgrad:

Zubereitungszeit: 60 Min.

Zutaten für 4 Portionen

- 400 g frische Erbsen
- 4 Eier

Gewürzmischung

- ½ TL Pfeffer
- 1 EL Liebstöckel
- 1 TL Dill
- 1 EL getrocknete Zwiebel
- 2 EL Colatura di Alici (oder 1 TL Salz mit 2 EL Weißwein)
- 2 EL Weißwein

Zubereitung

Die Erbsen in ungesalzenem Wasser ca. 10 Min. lang kochen. Das Wasser abgießen, die Gewürzmischung dazugeben und gut durchrühren. Die Eier aufschlagen, mit dem Schneebesen etwas schaumig schlagen und unter die Erbsen rühren. Alles zusammen in einer Kasserolle in den vorgeheizten Backofen geben, bei 180°C ca. 30 Min. lang backen und servieren.

Mit Fisch

Lenticulam ex sfondilos | Linsen mit Lazarusklappern (Apicius 5,2,1)

Mit Fisch und Meeresfrüchten

Schwierigkeitsgrad:

Zubereitungszeit: 60 Min.

Zutaten für 4 Portionen

- 250 g ungeschälte braune Linsen

Für die Sauce

- 24 Austern
- 1 TL gemahlener Pfeffer
- 1 TL gemahlener Kumin (Kreuzkümmel)
- 1 EL gemahlene Koriandersamen
- 1 EL getrocknete Minze
- einige Blätter frische Weinraute
- einige Blätter frische Poleiminze (oder normale Minze)
- 1 EL Essig
- 1 EL Honig
- 2 EL Colatura di Alici
- 100 ml Defrutum
- 1 EL Speisestärke
- 3 EL grünes Olivenöl

Zubereitung

Die Linsen über Nacht einweichen und dann ca. 45 Min. lang in ungesalzenem Wasser garkochen. Die Austern öffnen, das Fleisch von der Schale lösen – man kann natürlich auch bereits fertig vorbereitete Austern verwenden –, in wenig kochendes Wasser geben und ca. 5 Min. lang auf ganz kleiner Flamme ziehen lassen. Die Sauce aus den übrigen Zutaten außer Speisestärke und Olivenöl anrühren. Das Wasser der Linsen abschütten, so dass ein wenig Sud darin verbleibt, und die Sauce hineingießen. Die Austern kleinschneiden und zusammen mit ihrem Sud zu den Linsen geben. Die Linsen mit den Austern noch kurz aufkochen und ca. 5 Min. auf ganz kleiner Flamme kochen lassen, die Sauce mit Speisestärke binden, in eine Servierschüssel umfüllen, Olivenöl darübergeben und servieren.

Das Originalrezept sieht Lazarusklappern vor, die jedoch inzwischen fast nicht mehr zu bekommen sind. Man kann sie aber gut durch Stachelaustern oder normale Austern (oder auch andere Muscheln) ersetzen. Auch der Preis von Austern ist in den letzten Jahren stark gestiegen, was die Kosten dieses Gerichtes in bedenkliche Höhen treibt. Interessanterweise findet man heute noch ähnliche Austernrezepte. Rezepte, die sich bewährt haben, werden also entweder von Generation zu Generation weitergereicht oder regelmäßig »neu« erfunden.

Sarda ita fit | Bonito (Apicius 9,10,2)

Mit Fisch

Schwierigkeitsgrad:

Zubereitungszeit: 40 Min.

Zutaten für 4 Portionen

- 500 g Thunfischfilet
- ½ TL gemahlener Pfeffer
- je ½ EL Liebstöckel, Thymian, Oregano und Raute
- 150 g entkernte Datteln
- 1 EL Honig
- 4 geviertelte hartgekochte Eier
- 5 EL Weißwein
- 2 EL Weinessig
- 5 EL Defrutum
- 2–3 EL grünes Olivenöl

Zubereitung

Das Thunfischfilet in Salzwasser garkochen (ca. 30 Min.). Die Datteln entkernen, kleinschneiden, mit den Gewürzen mischen, Honig, Weißwein, Essig, Defrutum hinzufügen und verrühren. Das Thunfischfilet kleinschneiden und in eine Schüssel geben, die Sauce darübergießen und mit den geviertelten Eiern garnieren. Zum Schluss mit dem Olivenöl beträufeln und servieren.

Es handelt sich um ein empfehlenswertes Rezept für Fischsalat.

Mit Fleisch

Patina Apiciana | Lasagne à la Apicius

(Apicius 4,2,14)

Mit Schwein, Fisch, Geflügel

Schwierigkeitsgrad: ❦❦❦❦

Zubereitungszeit: 150 Min.

Zutaten für 4 Portionen (als Beilage)

Für die Füllung

- 100 g Schweinebauch
- 100 g Fischfilet (z. B. Heilbutt)
- 100 g Hähnchenbrust
- 2 fertig vorbereitete Wachteln
- 1 TL gemahlener Pfeffer
- 1 EL Liebstöckel
- 2 EL Colatura di Alici
- 4 EL aromatischer Weißwein (z. B. Vin Santo)
- 2 EL Passum
- 1 TL Speisestärke
- 4 Eier
- 2 EL Olivenöl

- 1 EL ganze Pfefferkörner
- 100 g Pinienkerne
- gemahlener Pfeffer zum Bestreuen

Für den Teig

- 250 g Mehl
- 120 ml Wasser

Zubereitung

Die Wachteln entbeinen, Fleisch und Fisch (außer den Wachteln) kleinschneiden, zusammen mit Pfeffer, Liebstöckel, Colatura di Alici, Wein und Passum in einen Topf geben, aufkochen lassen und ca. 15 Min. auf kleiner Flamme kochen. Die Sauce mit Speisestärke binden. Die Eier in einer Schüssel mit dem Öl verrühren. Aus Wasser und Mehl einen Teig kneten und ausrollen, so dass man daraus fünf Teigblätter herstellen kann. Eine ausreichend große Auflaufform mit etwas Öl einfetten und abwechselnd ein Teigblatt und darauf ein Viertel der Füllung hineingeben sowie Pfefferkörner und Pinienkerne hinzufügen. Dann einen entsprechenden Teil der verrührten Eier darübergießen. Das unterste Teigblatt ausreichend groß machen, damit es auch die Ränder der Form bedeckt. In die oberste Schicht die entbeinten Wachteln hineingeben und darauf ein Teigblatt legen, in das man ein kleines Loch hineinstößt, damit der Dampf entweichen kann. Diese römische Lasagne in den vorgeheizten Backofen stellen und bei 200°C ca. 30–45 Min. lang backen.

Dies hier ist eine etwas vereinfachte Variante des Originalrezeptes. Dort ist als Zutat auch »sumen«, also Euter, genannt. Normalerweise wird bei Apicius Schweineeuter verwendet, das heutzutage aber nur schlecht zu bekommen ist. Ich empfehle, stattdessen gewürfelten Schweinebauch oder Mortadella oder evtl. sogar Fleischkäse zu verwenden.

Minutal Terentinum | Frikassee à la Terenz

(Apicius 4,3,2)

Mit Schwein, Rind, Lamm, Fisch

Schwierigkeitsgrad: ❦ ❦ ❦

Zubereitungszeit: 60 Min.

Zutaten für 4 Portionen (als Beilage)

- 2 Stangen Lauch (nur die weißen Teile!)
- 200 ml Fleischbrühe
- 2 EL Olivenöl
- 1 EL Colatura di Alici
- 200 g Schinkenwürfel oder gewürfeltes Schweinebauchfleisch

Für die Hackfleischwürfel

- 200 g gemischtes Hackfleisch
- 1 kleines Lammhirn (alternativ: 100 g Kalbsbries oder 1 Wollwurst)
- 2 Eier
- ½ TL gemahlener Pfeffer
- 1 EL gemahlener Liebstöckel
- 1 EL gerebelter Oregano
- 1 EL Colatura di Alici

Für die Sauce

- 1 TL Pfeffer
- 1 EL Liebstöckel
- 1 EL Oregano
- 1 EL Colatura di Alici
- 100 ml Weißwein
- 100 ml Passum
- 1 EL Mehl

Zubereitung

Zuerst die Hackfleischwürfel zubereiten; dazu das Lammhirn (oder den entsprechenden Ersatz) zerstampfen und mit dem Hackfleisch, den Eiern, Pfeffer, Liebstöckel, Oregano und Colatura di Alici zu einer glatten Masse verarbeiten, in eine Auflaufform geben und im Ofen bei 180°C ca. 30 Min. lang backen. Danach herausnehmen und in Würfel schneiden.

Für das Frikassee die Fleischbrühe vorbereiten und kurz aufkochen lassen, den Lauch kleinschneiden und mit Olivenöl, Colatura di Alici, Schinken- und Hackfleischwürfeln in den Topf mit der Brühe geben und ca. 15 Min. zusammen kochen lassen; dabei regelmäßig umrühren.

Die Sauce aus Pfeffer, Liebstöckel, Oregano, Colatura di Alici mit Wein und Passum in einem Topf anrühren, kurz aufkochen lassen und mit Mehl binden. Die Sauce zum Fleisch geben und in einer Schüssel servieren.

Minutal Matianum | Frikassee à la Matius

(Apicius 4,3,4)

Mit Schwein, Fisch

Schwierigkeitsgrad:

Zubereitungszeit: 90 Min.

Zutaten für 4 Portionen (als Beilage)

- 400 g Schweineschulter mit Schwarte
- 4 süße, feste Äpfel
- 2 EL Olivenöl
- 2 EL Colatura di Alici
- 200 ml ungesalzene Fleischbrühe
- 1 Stange Lauch
- 1 EL gemahlener Koriander

Für die Sauce

- 1 TL Pfeffer
- 1 EL Kumin (Kreuzkümmel)
- einige Blätter frischer Koriander oder 1 EL gemahlene Koriandersamen
- 1 EL Minze
- ½ TL Asant
- 1 EL Weinessig
- 1 EL Honig
- 1 EL Colatura di Alici
- 100 ml Defrutum
- 1 EL Mehl
- etwas Pfeffer zum Bestreuen

Zubereitung

Das Stück Schweineschulter in ungesalzenem Wasser ca. 30 Min. lang kochen, aus dem Wasser nehmen und mit der Schwarte in Würfel schneiden. Das Fleisch in einen Topf geben, Lauch und Koriander kleinschneiden und mit Öl,

Colatura di Alici, Koriander und Brühe in den Topf geben und aufkochen lassen. Danach 15 Min. auf kleiner Flamme kochen lassen. Währenddessen die Äpfel schälen, achteln, das Kerngehäuse entfernen und in den Topf mit dem Fleisch geben. Das Fleisch weitere 15 Min. auf kleiner Flamme kochen lassen; dabei regelmäßig umrühren.

In der Zwischenzeit die Sauce aus den übrigen Zutaten außer dem Mehl in einem Topf anrühren und aufkochen lassen, dann auf kleiner Flamme weiterkochen, etwas Sauce entnehmen, mit Mehl anrühren und damit binden. Sobald das Fleisch fertig ist, vom Feuer nehmen, mit der Sauce übergießen und in einer Schüssel servieren.

Im Originalrezept sind »Matianische Äpfel« vorgesehen. Diese Apfelsorte lässt sich heute nicht mehr identifizieren. Wahrscheinlich handelt es sich um eine sehr schmackhafte Sorte, die beim Kochen einigermaßen fest blieb, also nicht mehlig war. Natürlich gibt es auch heute einige Sorten, die diese Voraussetzungen erfüllen würden. Evtl. sollte man es mit Cox Orange versuchen.

Minutal ex praecoquis | Frikassee mit Aprikosen (Apicius 4,3,6)

Mit Schwein, Fisch

Schwierigkeitsgrad: ❦ ❦ ❦

Zubereitungszeit: 90 Min.

Zutaten für 4 Portionen (als Beilage)

- 400 g Schweineschulter
- 6 feste Aprikosen
- 2 EL Olivenöl
- 1 EL Colatura di Alici
- 100 ml Weißwein (z. B. Vin Santo)
- 1 Schalotte (oder eine normale Zwiebel)

Für die Sauce

- ½ TL gemahlener Pfeffer
- 1 TL gemahlener Kumin (Kreuzkümmel)
- 1 EL getrocknete Minze
- 1 EL getrocknete Dillspitzen
- 2 EL Honig
- 2 EL Colatura di Alici
- 100 ml Passum
- 2 EL Essig
- 1 EL Mehl
- etwas Pfeffer zum Bestreuen

Zubereitung

Das Stück Schweineschulter in ungesalzenem Wasser ca. 30 Min. lang kochen, aus dem Wasser nehmen, in Würfel schneiden und in einen Topf mit Öl, Colatura di Alici, Wein und der kleingeschnittenen Schalotte geben, aufkochen und ca. 10 Min. zusammen auf kleiner Flamme kochen lassen.

Die Zutaten für die Sauce außer dem Mehl zum Fleisch in den Topf geben, die entsteinten Aprikosen achteln, hineingeben und zusammen aufkochen lassen. Nach ca. 10 Min. das Mehl mit etwas von dem Fond anrühren und den Fond damit binden. In einer Servierschüssel anrichten, etwas gemahlenen Pfeffer darüberstreuen und servieren.

Mensae secundae

Nachspeisen

Alle hier für den Nachtisch zusammengestellten Gerichte sind fleischlos (im Fall der Dinkel-Käse-Krapfen [S. 186] lässt sich das Schweineschmalz durch Frittieröl ersetzen).

Dulcia domestica | Gefüllte Datteln (Apicius 7,13,1)

Vegetarisch (oder vegan)

Schwierigkeitsgrad:

Zubereitungszeit: 20 Min.

Zutaten für 4 Portionen

- 8 Datteln (frisch oder getrocknet, aber sonst unbehandelt)
- 4 Walnüsse oder 20 g Pinienkerne
- 1–2 EL Honig (oder Defrutum)

Zubereitung

Die Datteln der Länge nach aufschneiden, so dass die beiden Hälften zusammenbleiben, entkernen und mit Walnüssen oder Pinienkernen füllen. Den Honig in einer kleinen Pfanne auf mittlerer Flamme erhitzen, bis er beginnt, Blasen zu bilden. Die gefüllten Datteln in die Pfanne geben, häufig wenden und dabei aufpassen, dass die Füllung in den Datteln bleibt. Sobald der Honig beginnt, zu karamellisieren und sich bräunlich zu verfärben, die Pfanne vom Herd entfernen. Die Datteln herausnehmen, solange sie noch heiß sind, auf einem Tellerchen anordnen und servieren, sobald sie abgekühlt sind.

Die hier genannten Mengenangaben sind bewusst etwas knapp gehalten. Bei Bedarf kann man seinen Gästen natürlich ein paar Datteln mehr gönnen.

In Italien trifft man gelegentlich auf moderne Interpretationen dieses alten Rezeptes. So kann man die Füllung (Walnüsse oder Pinienkerne) mit Mascarpone ergänzen und die Datteln statt mit karamellisiertem Honig auch mit Schokoglasur überziehen. Als Alternative zu Pinienkernen sind auch Mandeln denkbar. Haselnüsse sind nicht ganz so empfehlenswert. Wenn man möchte, kann man die Pinienkerne oder Mandeln vor dem Füllen kurz in der Pfanne rösten.

Pepones et melones | Melonensalat (Apicius 3,7)

Mit Fisch (oder vegan)

Schwierigkeitsgrad:

Zubereitungszeit: 135 Min.

Zutaten für 4 Portionen

- ½ Wassermelone und ½ Honigmelone, beide geschält, entkernt und gewürfelt
- 250 ml Passum
- 2 EL Balsamico-Essig
- ½ TL gemahlener Pfeffer
- 10 Blätter frische Minze, feingehackt (im Original Poleiminze)
- 1 TL Colatura di Alici (oder eine Prise Salz)

Alternative:

- 1 kleine Wassermelone
- 2 EL Balsamico-Essig
- 2 EL Honig (oder Defrutum)
- ½ TL gemahlener Pfeffer
- 10 Blätter frische Minze, feingehackt (im Original Poleiminze)
- 1 TL Colatura di Alici (oder eine Prise Salz)

Zubereitung

Das Fruchtfleisch der Melone(n) entkernen und würfeln, mit den übrigen Zutaten mischen und mindestens 2 Std. im Kühlschrank ziehen lassen.

Poleiminze ist eine Minzenart, die man nur schwer in Gewürzhandlungen findet. Zwar kann man sie leicht aus Samen selbst ziehen, aber ebenso lässt sie sich durch andere Minzenarten (z. B. frische Pfefferminze) ersetzen. Man sollte sich beim Einsatz von Poleiminze auch bewusst sein, dass diese Minzenart ein Gift, das Pulegon, enthält, so dass man sie sehr sparsam dosieren sollte.

Citrium | Zitronatzitrone (Apicius 3,5)

Mit Fisch (oder vegan)

Schwierigkeitsgrad:

Zubereitungszeit: 10 Min.

Zutaten für 4 Portionen

- 1 Zitronatzitrone
- 1 EL Bergfenchel (Seseli montanum)
- ½ TL Asantpulver
- 1 TL getrocknete Minze
- 1 EL Weißweinessig
- 1 EL Colatura di Alici (oder ½ TL Salz)

Zubereitung

Die Zitronatzitrone schälen, so dass möglichst lange Streifen entstehen, und in dünne Scheiben schneiden. Aus den Gewürzen eine Marinade mischen, die Zitronatzitronenscheiben auf einem Teller anordnen, die Marinade darübergeben, mit der Zitronenschale und Bergfenchelblüten garnieren.

Das Schwierigste an diesem Rezept ist wahrscheinlich die Beschaffung des Bergfenchels. Evtl. kann man ihn durch normalen Fenchel ersetzen. Zitronatzitronen kann man inzwischen bei gut sortierten Onlinehändlern bestellen.

Patina de Persicis | Pfirsichpfanne (Apicius 4,2,34)

Mit Fisch (oder vegan)

Schwierigkeitsgrad:

Zubereitungszeit: 30 Min.

Zutaten für 4 Portionen

- 4 feste Pfirsiche
- 1 EL Olivenöl
- 1 TL Colatura di Alici (oder eine Prise Salz)
- 1 EL Balsamico-Essig
- 1 EL Honig (oder Defrutum)
- ¼ TL gemahlener Pfeffer
- ½ TL gemahlener Liebstöckel
- ½ TL gemahlener Kumin (Kreuzkümmel)

Zubereitung

Die Pfirsiche kurz abbrühen, schälen, entkernen und in Achtel schneiden. In Wasser ca. 15 Min. lang kochen lassen. Die Kümmelsauce aus Colatura di Alici, Essig, Honig, Pfeffer, Liebstöckel und Kumin herstellen. Die Pfirsiche aus dem Wasser nehmen, gut abtropfen lassen und auf einer Platte anordnen. Das Olivenöl darüberträufeln, mit der Kümmelsauce übergießen und servieren.

Patina de Cidoneis | Quittenauflauf

(Apicius 4,2,37)

Mit Fisch (oder vegetarisch)

Schwierigkeitsgrad:

Zubereitungszeit: 60 Min.

Zutaten für 4 Portionen

- 3 Quitten (ca. 500–600 g)
- 1 Lauchstange
- 3 EL Honig
- 1 EL Colatura di Alici (oder ½ TL Salz)
- 2 EL Olivenöl
- 5 EL Defrutum

Zubereitung

Die Quitten schälen, das Kerngehäuse entfernen, das Fruchtfleisch kleinschneiden und zusammen mit dem gesäuberten und kleingeschnittenen Lauch sowie den übrigen Zutaten in einer tiefen Pfanne aufsetzen. Kurz aufkochen und auf kleiner Flamme ca. 30 Min. kochen lassen, regelmäßig umrühren, bis die Flüssigkeit fast ganz verschwunden ist, und dann servieren.

De Cydonite | Quittenkonfitüre (Palladius 11,20,1)

Vegetarisch (oder vegan)

Schwierigkeitsgrad: ❦ ❦

Zubereitungszeit: 80 Min.

Zutaten für 4 Portionen

- 3–4 Quitten
- 250 g Honig (oder Defrutum)
- 1 TL gemahlener schwarzer Pfeffer

Zubereitung

Die Quitten schälen, das Kerngehäuse entfernen und das Fruchtfleisch möglichst klein würfeln. Die Quittenstücke auf kleiner Flamme ca. 60 Min. im Honig kochen, bis sie auf etwa die Hälfte eingekocht sind; dabei langsam den Pfeffer unterrühren.

Globulos sic facito | Dinkel-Käse-Krapfen

(Cato, De agri cultura 79)

Mit Schwein (oder vegetarisch)

Schwierigkeitsgrad:

Zubereitungszeit: 60 Min.

Zutaten für 4 Portionen

- 100 g Mehl (Dinkel- oder Weizenmehl)
- 100 g milder Frischkäse (z. B. Ricotta oder Quark)
- 1 EL flüssiger Honig
- 1 EL Mohnsamen
- Zum Frittieren: Schweineschmalz (oder Frittieröl)

Zubereitung

Das Mehl und den Frischkäse zu einem Teig verkneten. Davon kleine Teigkugeln von ca. 2 cm Durchmesser formen. Das Schmalz bzw. Öl erhitzen und die Teigkugeln darin langsam frittieren, bis sie goldbraun sind, dann herausnehmen, zuerst in Honig, dann in Mohnsamen wälzen und servieren. Die Menge ergibt ca. 40 »Globuli«.

Wichtig ist, die Kugeln nicht zu groß zu machen, da sie andernfalls beim Frittieren innen roh bleiben.

Auch heute gibt es ähnliche Zubereitungen, z. B. für Quarkbällchen.

Savillum sic facito | Käseauflauf

(Cato, De agri cultura 84)

Vegetarisch

Schwierigkeitsgrad:

Zubereitungszeit: 60 Min.

Zutaten für 4 Portionen

- 50 g Weizenmehl (Type 405)
- 250 g Frischkäse (z. B. Quark oder Ricotta)
- 25 g Honig
- 1 Ei
- ca. 1 EL Honig, um den fertigen Kuchen zu bestreichen
- 1 EL Mohnsamen
- 1 EL Olivenöl

Zubereitung

Mehl und Frischkäse mit Honig und Ei zu einer glatten Masse verrühren, die Backform mit Olivenöl einfetten, die Masse hineinfüllen und ca. 30 Min. bei 180°C zugedeckt im Backofen backen. Nach dem Herausnehmen mit Honig bestreichen und mit Mohnsamen bestreuen, in den heißen Backofen zurückstellen und ca. 15 Min. ziehen lassen.

Die Zusammensetzung Mehl, Frischkäse, Honig und Ei findet sich häufig in wechselnden Proportionen in Catos Mehlspeisenrezepten. Wichtig ist, dass diese Rezepte sehr präzise Mengenangaben enthalten, wobei die Mengen durchweg für eine größere Anzahl von Speisenden gedacht sind. Das »Savillum« wöge, würde man es gemäß Catos originalen Gewichtsangaben zubereiten, nach dem Backen über 1 kg und wäre damit nach heutigen Maßstäben sicherlich als Nachspeise für 12–20 Portionen ausreichend.

Pultem Punicam sic facito | Punischer Brei

(Cato, De agri cultura 85)

Vegetarisch

Schwierigkeitsgrad: ❦ ❦ ❦

Zubereitungszeit: 60 Min.

Zutaten für 4 Portionen

- 50 g Dinkelgraupen
- 150 g Frischkäse (z. B. Ricotta oder Quark)
- 25 g Honig
- 1 Ei

Zubereitung

Die Dinkelgraupen über Nacht in Wasser einweichen und in ungesalzenem Wasser ca. 30 Min. lang kochen, bis sie die gewünschte Konsistenz haben, mit dem Frischkäse, Honig und Ei mischen, nochmals kurz aufkochen und servieren.

Im originalen Rezept steht nur im einleitenden Satz, dass das Gericht gekocht werden soll.

Dulcia (1) | Frittierte Weißbrotstückchen

(Apicius 7,13,3)

Vegetarisch

Schwierigkeitsgrad:

Zubereitungszeit: ca. 30 Min.

Zutaten für 4 Portionen

- 4 große weiße Brötchen (z. B. Kaisersemmeln) oder ½ Kastenweißbrot
- 200 ml Milch
- ausreichend Öl zum Frittieren
- 4 EL Honig

Zubereitung

Die Schale der Brötchen entfernen, die Krume in Scheiben schneiden oder in größere Stücke brechen und in die Milch geben, bis sie sich vollgesaugt haben. Die Stücke daraufhin in Öl frittieren, bis sie goldgelb sind, dann herausnehmen, mit Honig beträufeln und servieren.

Dieses Rezept erinnert an »Arme Ritter«, die bereits im Mittelalter beliebt waren. Auch in diesem Klassiker wird eingeweichtes Weißbrot gebraten, um dann mit etwas Süßem (heute z. B. Vanillesauce) serviert zu werden.

Dulcia (2) | Römische Crescentine (Apicius 7,13,6)

Vegetarisch

Schwierigkeitsgrad:

Zubereitungszeit: ca. 30 Min.

Zutaten für 4 Portionen

- 200 g Weizenmehl (Type 405)
- 200 ml Milch
- 2–3 EL Honig
- 200–400 ml Öl zum Frittieren
- ein wenig gemahlener Pfeffer

Zubereitung

Die Milch kurz aufkochen lassen, das Mehl langsam hineinrühren, bis die Masse fest wird und sich vom Topf löst. Vom Feuer nehmen, das übrig gebliebene Mehl hineinkneten und einen Teig herstellen, der so fest wie Nudelteig und nicht mehr klebrig sein sollte. Den Teig möglichst dünn ausrollen, in quadratische oder rechteckige Stücke schneiden (ca. 5 × 5 cm). Das Öl in einer tiefen Pfanne erhitzen. Wenn es heiß genug ist (ein kleines Stückchen Teig sollte darin innerhalb von einigen Sekunden goldgelb backen), die Teigstücke hineingeben und mehrmals wenden, bis sie auf beiden Seiten goldgelb sind. Beim Frittieren sollten sich die Teigstücke aufblähen. Sobald sie fertig gebacken sind, herausnehmen, das Öl gut abtropfen lassen und auf eine Platte legen. Vor dem Servieren mit Honig beträufeln und ein wenig gemahlenen Pfeffer darüberstreuen.

Dieses Rezept findet sich noch heute in Italien in einer meist salzigen Variante und wird in der Umgebung von Bologna als »Crescentine« bezeichnet. Ebenfalls ähnlich sind die Sfrappole, bei denen es sich um eine Art Nudelteig handelt, der frittiert und dann mit Puderzucker bestreut wird. Um das römische Rezept modern zu interpretieren, kann man die frittierten Teigstücke mit Puderzucker statt wie bei den Römern mit Honig süßen. Auch in anderen Kulturen sind ähnlich zubereitete Gerichte bekannt wie z. B. das indische Puri.

Tiropatina | Eierpudding (Apicius 7,13,7)

Vegetarisch

Schwierigkeitsgrad:

Zubereitungszeit: 40 Min.

Zutaten für 4 Portionen

- 350 ml Milch
- 4 Eier
- eine Prise gemahlener Pfeffer
- 4 EL Honig (moderne Version: 3 EL Zucker)

Zubereitung

Milch mit Eiern und Honig verquirlen, die Mischung in eine feuerfeste Glasschüssel geben (im originalen Rezept in eine Tonkasserolle) und im vorgeheizten Backofen bei 180°C ca. 30 Min. lang backen. Danach auf Tellerchen verteilen, ein wenig gemahlenen Pfeffer darüberstreuen und servieren.

Tiropatina bedeutet eigentlich so etwas wie Käseauflauf (von griech. τυρός ›Käse‹), was es bei Apicius aber nicht ist, da der Käse fehlt. Stattdessen haben wir ein Rezept für eine Art Crème Pâtisserie bzw. die spanische »Natillas de Huevo« – ja, so etwas gab es also schon im alten Rom und ist keine ureigene Erfindung der modernen Küche.

Patina versatilis | Gestürzter Auflauf (Apicius 4,2,2)

Mit Fisch (oder vegetarisch)

Schwierigkeitsgrad:

Zubereitungszeit: 60 Min.

Zutaten für 4 Portionen

- 400 g Pinienkerne, Walnüsse, Mandeln oder Haselnüsse
- 4 Eier
- 200 ml Milch
- 4 EL Honig
- ¼ TL gemahlener Pfeffer
- 2 TL Colatura di Alici (oder ¼ TL Salz)
- 1 EL Olivenöl

Zubereitung

Die Pinienkerne und Nüsse kurz in der Pfanne rösten und dann zerstoßen oder grob mahlen; danach Milch, Eier und die anderen Zutaten hinzugeben und zu einer glatten Masse verrühren, in eine ofenfeste Glasschüssel oder Kasserolle geben und im vorgeheizten Backofen bei 180°C ca. 30 Min. lang backen. Das fertig Gebackene auf einen Teller stürzen. Warm oder kalt servieren.

Patina de piris | Birnensoufflé (Apicius 4,2,35)

Mit Fisch (oder vegetarisch)

Schwierigkeitsgrad:

Zubereitungszeit: 60 Min.

Zutaten für 4 Portionen

- 2–3 Birnen (ca. 500–600 g)
- 4 Eier
- 2 EL Honig
- 5 EL Vino Passito
- 1 EL Olivenöl
- 2 TL Colatura di Alici (oder ¼ TL Salz)
- ¼ TL gemahlener Pfeffer
- ¼ TL gemahlener Kumin (Kreuzkümmel)
- etwas Pfeffer zum Bestreuen

Zubereitung

Die ganzen Birnen ca. 15 Min. in Wasser kochen, dann schälen, das Kerngehäuse entfernen, das Fruchtfleisch zerstampfen und mit den Eiern sowie den übrigen Zutaten verquirlen. Die Masse in eine ofenfeste Glasschüssel oder Kasserolle geben und bei 180°C im Backofen ca. 30 Min. lang backen. Nach dem Herausnehmen mit Pfeffer bestreuen und servieren.

Alternativ kann dieses Gericht auch in der Pfanne auf sehr kleiner Flamme als eine Art Birnencreme zubereitet werden, wie man es im mittelalterlichen »Liber de coquina« (4,6) findet. Dabei muss man unbedingt darauf achten, dass es nicht anbrennt. Ähnliche Rezepte findet man auch in modernen Kochbüchern als Birnensoufflé.

Opera pistoria

Gebäck

Libum | Käsefladen (Cato, De agri cultura 75)

Vegetarisch

Schwierigkeitsgrad:

Zubereitungszeit: 80 Min.

Zutaten für 4 Portionen

- 500 g Frischkäse (am besten gesalzener Käse, z. B. griechischer Feta)
- ca. ½ TL Salz, falls ungesalzener Käse verwendet wird
- 150 g Weizenmehl (Type 405)
- 1 Ei
- 20 ganze (am besten frische) Lorbeerblätter

Zubereitung

Den Frischkäse in einer Schüssel zerstampfen, so dass keine Klumpen bleiben, das Mehl hinzufügen und mit dem Käse mischen, das Ei hineingeben und den Teig gut verkneten. Die Lorbeerblätter auf einem Backblech oder in einer ausreichend großen Schüssel auslegen, aus dem Teig einen ca. 2 cm dicken Fladen formen und auf die Lorbeerblätter legen. Den Fladen bedecken und ca. 40 Min. bei 180°C im Backofen backen.

Placentam / Scriblitam sic facito | Käse-Honig-Kuchen / Käsekuchen

(Cato, De agri cultura 76/78)

Vegetarisch

Schwierigkeitsgrad:

Zubereitungszeit: 90 Min.

Zutaten für 4 Portionen

- 150 g Weizenauszugsmehl (Type 405)
- 70 ml Wasser
- 1–2 EL Olivenöl
- 20 ganze und möglichst frische Lorbeerblätter
- außerdem benötigt man eine kleine Backform (Auflaufform oder Kasserolle), am besten mit Deckel

Für die Füllung der »Placenta« (Käse-Honig-Kuchen)

- 300 g milder Schafsfrischkäse (z. B. Schaf-Ricotta)
- 100 g Honig

Für die Füllung der »Scriblita« (Käsekuchen)

- 300 g gesalzener Frischkäse (z. B. griechischer Feta)

Zubereitung

Aus Mehl und Wasser einen einfachen Teig herstellen und gut verkneten. Den Teig dann in fünf Teile teilen: Für den Boden wird ein Viertel abgeteilt, den Rest teilt man in vier gleiche Teile. Die Teigstücke sehr dünn in der Form ausrollen, die man für die Backform benötigt, und zum Trocknen auf eine Tischplatte legen (die Teigstücke dazu auf Ober- und Unterseite ein wenig bemehlen, damit sie nicht hängenbleiben). Das Teigblatt für den Boden etwas größer als die anderen ausrollen.

Für die Füllung der »Placenta« den Schafsfrischkäse mit dem Honig verrühren, bis eine glatte Masse entstanden ist. Für die »Scriblita« den Käse zerstampfen, um daraus eine glatte Masse zu machen.

Jetzt die Teigblätter mit Olivenöl bepinseln. Die Backform am Boden mit Lorbeerblättern belegen, die dafür sorgen, dass man den Kuchen nachher gut aus der Form lösen kann. Das Teigblatt hineinlegen, das für den Boden vorgesehen ist. Darauf ein Viertel der Füllung geben. Darauf das nächste Teigblatt legen, wieder ein Viertel der Füllung daraufgeben usw. Den Kuchen mit dem letzten Teigblatt bedecken und an den Rändern schließen, danach in den vorgeheizten Backofen stellen (evtl. zudecken) und ca. 30 Min. bei 180°C backen.

Das originale Rezept für »Scriblita« entspricht dem der »Placenta« bis auf den fehlenden Honig. Da die Scriblita daher nicht eigentlich süß ist, empfiehlt es sich, dafür einen gesalzenen Käse zu verwenden.

Spiram sic facito | Zopfkuchen

(Cato, De agri cultura 77)

Vegetarisch

Schwierigkeitsgrad:

Zubereitungszeit: 120 Min.

Zutaten für 4 Portionen

- 150 g Weizenmehl (Type 405)
- 70 ml Wasser
- 1–2 EL Olivenöl
- 300 g milder Schafsfrischkäse (z. B. Schaf-Ricotta)
- 100 g Honig
- 20 ganze und möglichst frische Lorbeerblätter

Zubereitung

Aus Mehl und Wasser einen einfachen Teig herstellen und gut verkneten. Den Teig in vier gleiche Teile teilen. Das Teigstück für den Boden dünn ausrollen. Die Backform mit Olivenöl auspinseln, die Lorbeerblätter auf dem Boden verteilen und auf diese die Bodenteigplatte legen.

Für die Füllung den Schafsfrischkäse mit dem Honig verrühren, bis eine glatte Masse entstanden ist.

Die übrigen drei Teile Teig zu langen Strängen formen, diese vorsichtig zu einem Zopf flechten und ringförmig auf den Boden legen. Die Füllung in die Mitte geben und gut verstreichen.

Den Kuchen in den vorgeheizten Backofen geben und bei 180°C ca. 45 Min. backen.

Encytum sic facito | Striebele

(Cato, De agri cultura 80)

Mit Schwein (oder vegetarisch)

Schwierigkeitsgrad:

Zubereitungszeit: 60 Min.

Zutaten für 4 Portionen

- 100 g Mehl (Dinkel- oder Weizenmehl)
- 50 g milder Frischkäse (zum Beispiel Ricotta oder Quark)
- 50 ml Schmand oder Crème fraîche
- Zum Frittieren: Schweineschmalz oder Frittieröl
- 1 EL flüssiger Honig

Zubereitung

Das Mehl mit Frischkäse und Sahne zu einem Teig verrühren. Der Teig sollte nicht fest, sondern eher zähflüssig sein. Falls er zu fest ist, etwas Sahne hinzufügen. Das Schmalz bzw. Öl erhitzen. Den Teig in einen Trichter geben und ins heiße Öl laufen lassen. Den Teigfluss durch Zuhalten des Loches immer wieder unterbrechen, damit die Teigstücke nicht zu lang werden. Im Öl lassen, bis die Teigstücke goldgelb sind; dabei öfter wenden, dann herausnehmen, mit Honig beträufeln und servieren.

Interessant ist, dass ein ähnliches Rezept auch im »Liber de coquina« aus dem 13. Jahrhundert zu finden ist und bis heute in moderner Fassung als Striebele überlebt hat.

Statt die Teigstücke mit Honig zu beträufeln, kann man sie in einer modernen Version natürlich auch mit Puderzucker bestreuen.

Panis Picentinus | Pizentinisches Brot

(Plinius, Naturalis historia 106)

Vegetarisch

Schwierigkeitsgrad: 🌿 🌿 🌿

Zubereitungszeit: 10 Tage ⏱

Zutaten für 4 Portionen	Für die Honigmilch
• 600 g Dinkelgraupen	• 500 ml Milch
• 250 ml Caroenum	• 3 EL Honig

Zubereitung

Die Dinkelgraupen 10 Tage lang in Wasser einweichen. Dabei das Wasser öfters wechseln. Am zehnten Tag das Wasser abgießen, die Dinkelgraupen zerstampfen und mit Caroenum zu einem Teig verarbeiten, in eine ofenfeste Glasschüssel oder Tonkasserolle geben, zudecken und bei 200°C ca. 60 Min. lang backen. Nach dem Backen abkühlen lassen und mit Honigmilch zum Tunken servieren.

Zur Herstellung der Honigmilch den Honig in die Milch geben, die Milch auf kleiner Flamme unter ständigem Rühren erwärmen (nicht zum Kochen bringen!), bis sich der Honig vollständig aufgelöst hat. Die Milch vom Herd nehmen und kühl stellen.

Plinius schreibt, dass man das pizentinische Brot nur eingeweicht aß. Nach seiner Beschreibung muss es sehr fest gewesen sein. Es heute in einem passenden Tontopf zu backen, der dann während des Backvorgangs wegen der Ausdehnung des Brotes durch den entstehenden Wasserdampf bersten soll, ist sicherlich etwas schwierig. Man kann es jedoch zum Backen in einen Backschlauch oder ein Gefäß geben, das vom Teig fast ausgefüllt wird.

Mustacei | Mostbrötchen (Cato, De agri cultura 121)

Mit Schwein (oder vegetarisch)

Schwierigkeitsgrad:

Zubereitungszeit: 90 Min.

Zutaten für 4 Portionen

- 250 g Weizenauszugsmehl (Type 405)
- 10 g Hefe
- 150 ml Traubensaft
- 50 g milder Schafskäse (gewürfelt)
- 1 EL Aniskörner
- 1 TL gemahlener Kumin (Kreuzkümmel)
- 50 g weißes Schweineschmalz (oder Margarine)
- 10 ganze und möglichst frische Lorbeerblätter

Zubereitung

Aus Mehl, Traubensaft und Hefe einen Hefeteig herstellen. Die übrigen Zutaten hinzugeben und verkneten. Den Teig mit allen Zutaten ca. 2 Std. gehen lassen. Ein Backblech mit

Backpapier bedecken und ca. 10 Lorbeerblätter darauf anordnen. Aus dem Teig so viele Laibchen formen, wie man Lorbeerblätter auf dem Backblech angeordnet hat, die Laibchen auf die Lorbeerblätter legen und ca. 30 Min. bei 180°C im vorgeheizten Backofen backen.

Die Hefe taucht im ursprünglichen Rezept nicht auf, allerdings erwähnt Palladius an einer Stelle, dass man für Mostbrötchen eine Art Hefe- oder Sauerteig verwendet[21]. Es empfiehlt sich, die Mostbrötchen zum Backen in einem modernen Elektroofen mit Hefeteig zuzubereiten, da sie sonst zu hart werden könnten.

Fercula

Menüvorschläge

Cena I – Menü 1 (vegan)

Zwar liebten die Römer Schweinefleisch und Grillbraten, aber bereits der am Anfang zitierte Brief von Plinius dem Jüngeren (S. 34) liefert den Beweis, dass es auch nahezu fleischlos ging. Um ganz auf tierische Produkte zu verzichten, sollte man allerdings mit Defrutum statt Honig süßen und Salz statt Colatura di Alici verwenden:

Vorspeise

- Kopfsalat mit Oxygarum-Dressing (Oxygarum digestibilem, Apicius 1,34; vgl. S. 52).
- Vorspeise von Aprikosen (Gustum de praecoquis, Apicius 4,5,4; vgl. S. 67).

Hauptspeise

- Minestrone (Tisanam farricam, Apicius 4,4,2; vgl. S. 82).
- Statt Salzfisch (Aliter vice salsi, Apicius 9,13,2; vgl. S. 83).

Beilagen

- Lauch mit Waldbeeren (Aliter porros, Apicius 3,10,3; vgl. S. 150).
- Erbsen (Pisum, Apicius 5,3,1; vgl. S. 157).

Nachspeise

- Melonensalat (Pepones et melones, Apicius 3,7; vgl. S. 181).
- Gefüllte Datteln (Dulcia domestica, Apicius 7,13,1; vgl. S. 180).

Cena II – Menü 2 (mit Fisch)

Mit den Rezepten des Apicius ist es leicht möglich, fast ein komplettes Menü aus Fischrezepten zusammenzustellen.

Vorspeise

- Fischpfanne (Patina de pisciculis, Apicius 4,2,30; vgl. S. 74).
- Miesmuscheln (In mitulis, Apicius 9,9; vgl. S. 75).

Hauptspeise

- Gefüllter Bonito (Sarda farsilis, Apicius 9,10,1; vgl. S. 93).
- Gebratener Fisch (Pisces frixos, Apicius Exc. 8; vgl. S. 89).

Beilagen

- Linsen mit Lazarusklappern (Lenticulam ex sfondilos, Apicius 5,2,1; vgl. S. 168).
- Champignons (Boletos fungos, Apicius 7,15,4; vgl. S. 159).

Nachspeise

- Pfirsichpfanne (Patina de Persicis, Apicius 4,2,34; vgl. S. 183).
- Dinkel-Käse-Kräpfchen (Globulos sic facito, Cato, De agri cultura 79; vgl. S. 186).

Cena III – Menü 3 (mit Fleisch)

Vorspeise

- Spiegeleier mit Oenogarum (Ova frixa, Apicius 7,19,1; vgl. S. 70).
- Vorspeise von Gemüse (Gustum de holeribus, Apicius 4,5,2; vgl. S. 77).

Hauptspeise

- Kalbsbraten (Vitellina fricta, Apicius 8,5,1; vgl. S. 116).

Beilagen

- Rosenkohl oder Blumenkohl (Culiculi elixati, Variante 3, Apicius 3,9,6; vgl. S. 140).
- Gekochte Rote Beten auf andere Art (Aliter betas elixas, Apicius 3,11,2; vgl. S. 152).
- Linsen auf andere Art (Aliter lenticulam, Apicius 5,2,3; vgl. S. 155).

Nachspeise

- Eierpudding (Tiropatina, Apicius 7,13,7; vgl. S. 191).
- Punischer Brei (Pultem Punicam sic facito, Cato, De agri cultura 85; vgl. S. 188).

Anhang

Anmerkungen

1 s. Liber de coquina 10,9: »Torta de lassanis«.
2 s. Varro, De lingua Latina 5,111.
3 Columella 12,39,1–4.
4 »L.« verweist auf Carl von Linne, dessen Verzeichnisse aus dem 18. Jahrhundert der modernen botanischen Nomenklatur zugrunde liegen.
5 Plinius d. A., Naturalis historia 15,74–75.
6 Bei den »Geoponika« handelt es sich um ein Landwirtschaftskompendium, das im 10. Jahrhundert in Konstantinopel entstanden ist.
7 Apicius 1,28.
8 s. z. B. Martial, Epigramme 7,78; 9,14; 12,17.
9 s. Plinius, Naturalis historia 10,133.
10 Apicius 4,2,12.
11 Columella 12,36: »Vinum roratum«.
12 Horaz, Sermones 1,3,6–7.
13 Martial, Epigramme 3,50.
14 Wörtl.: Sauce für Thunfisch.
15 Wörtl.: Für gesottene Fische.
16 Jean Bockenheim, »Das Registrum Coquine des Johannes von Bockenheim« im Ms. BNF Latin 7054, Monumenta Culinaria, http://geb.uni-giessen.de/geb/volltexte/2013/9337/
17 Wörtl.: Sauce für jedes gekochte Fleisch.
18 Wörtl.: Sauce für Koteletts.
19 Petron, Satyricon 49.
20 Plinius, Naturalis historia 18,107: »Bäcker gab es in Rom bis zum Krieg gegen Perseus nicht, nämlich bis zum Jahr 580 seit Gründung der Stadt. Brot buken die Senatoren selbst, und es war besonders Aufgabe der Frauen, wie auch jetzt bei den meisten Völkern.«
21 Palladius, Opus agriculturae 11,21.

Weiterführende Literatur zur römischen Küche

Apicius: Das römische Kochbuch. Lat./Dt. Hrsg., übers. und komm. von Robert Maier. Stuttgart 2023.

Cato d. Ä.: De agri cultura / Über die Landwirtschaft: Lat./Dt. Übers. und hrsg. von Hartmut Froesch. Stuttgart 2009.

Marcus Junkelmann: Panis Militaris. Die Ernährung des römischen Soldaten oder der Grundstoff der Macht. 3. Aufl., Mainz 2006.

Jutta Meurers-Balke und Tünde Kaszab-Olschewski: Grenzenlose Gaumenfreuden: Römische Küche in einer germanischen Provinz. 3. Aufl., Mainz 2010.

Hans-Peter von Peschke / Werner Feldmann: Kochen wie die alten Römer. 200 Rezepte nach Apicius, für die heutige Küche umgesetzt. Zürich 1995.

Petron: Cena Trimalchionis / Das Gastmahl des Trimalchio. Lat./Dt. Übers. und hrsg. von Karl.-Wilhelm Weeber. Stuttgart 2016.

Helmut Schareika: Die alten Römer bitten zu Tisch, Weizenbrei und Pfauenzunge. Darmstadt 2007.

Rezeptverzeichnis

Vegan

Vegan, wenn Fischsauce und Honig ersetzt werden

Vegetarisch

Vegetarisch (oder vegan)

Vegetarisch, wenn Fischsauce ersetzt wird

Vegetarisch, wenn Schmalz ersetzt wird

Mit Fisch und Meeresfrüchten

Mit Geflügel

Mit Schweinefleisch

Mit Lamm oder Rind

Mit verschiedenen Fleischsorten

Über den Autor

Robert Maier, geb. 1964, studierte Physik, beschäftigte sich aber bereits in der Schule intensiv mit Latein und behielt dies als Hobby auch nach der Studienzeit bei. Auf der Suche nach einer besonderen Attraktion für die Europäischen Lateinwochen in Freising, die er 1989 zusammen mit Mechtild Hofmann gründete, fiel sein Augenmerk auf die aus der Antike überlieferten Kochrezepte, und es entstand die erstmals 1991 bei Reclam erschienene zweisprachige Ausgabe von Apicius' Werk »Über die Kochkunst«.

Abbildungsnachweis

Kapitelauftaktbilder: akg-images (S. 55 – Erich Lessing; S. 63 – De Agostini Picture Lib. / G. Dagli Orti); IMAGO / Leemage (S. 135; 195); Wikimedia Commons (S. 9 – CC-PD-Mark; S. 39 – Sinda BF; S. 81 – Jastrow [2006]; S. 179 – Jerzystrzelecki / CC-BY-3.0; S. 205 – Marie-Lan Nguyen [2011] / CC-PD-Mark). Icons: Shutterstock.